中高级适用

刘 进 李朝辉 编著

跨文化汉语交际教程 II

CHINESE CROSS-CULTURAL COMMUNICATION COURSE

北京大学出版社
PEKING UNIVERSITY PRESS

图书在版编目(CIP)数据

跨文化汉语交际教程 Ⅱ / 刘进, 李朝辉 编著. —北京：北京大学出版社，2014.1
ISBN 978-7-301-23452-5

Ⅰ.①跨…　Ⅱ.①刘…②李…　Ⅲ.①汉语-对外汉语教学-教材　Ⅳ.①H195.4

中国版本图书馆CIP数据核字(2013)第269105号

书　　　　名：	跨文化汉语交际教程 Ⅱ
著作责任者：	刘　进　李朝辉　编著
责 任 编 辑：	李　凌
标 准 书 号：	ISBN 978-7-301-23452-5/H·3428
出 版 发 行：	北京大学出版社
地　　　　址：	北京市海淀区成府路205号　100871
网　　　　址：	http://www.pup.cn　新浪官方微博：@北京大学出版社
电 子 信 箱：	zpup@pup.pku.edu.cn
电　　　　话：	邮购部 62752015　发行部 62750672　编辑部 62753374　出版部 62754962
印 　刷 　者：	北京大学印刷厂
经 　销 　者：	新华书店
	787毫米×1092毫米　16开本　13.25印张　191千字
	2014年1月第1版　2014年1月第1次印刷
定　　　　价：	48.00元

未经许可，不得以任何方式复制或抄袭本书之部分或全部内容。
版权所有，侵权必究
举报电话：010-62752024　　电子信箱：fd@pup.pku.edu.cn

编写说明

本书是为母语非汉语的汉语学习者编写的一部中高级口语教材，适用于已掌握1800个左右词语的学习者。教材结合了"内容教学法"（CBI，即Content-Based Instruction）的理念，将文化内容自然地融入到语言系统中，同时兼容结构、功能教学原则之长，并突出了"文化对比—文化自省—文化理解"的跨文化交际能力之形成过程。

本教材以话题为纲安排教学内容，话题内容根据外国人的交际需要，围绕中国文化国情、中外生活习俗及跨文化交际中的误读现象递进展开，使学习者在提高汉语能力的同时，自然地习得文化，增进对中外文化及自身文化的理解，并且，话题中突出一定的功能和结构，体现出综合性。

教材由十六课组成，每课包括热身话题、课文、实用词语、跨文化对话、功能与表达、语言点例解、练习、实例分析几部分。热身话题的作用是导入本课的中心话题，同时引发学习者的思考，为进入课文的学习做好前期铺垫。课文中心话题均取材于留学生的课堂互动及日常生活交际，话题丰富有趣、语言生动鲜活，能够促进课堂教学过程交际化，有利于开展交际活动，真正实践从汉语学习者的角度编排教学内容的理念。教学过程中，教师也可以根据中心话题拓展交际内容。书中实用词语的编排在兼顾词汇等级大纲的同时充分考虑了实用性原则。

跨文化对话为读者提供了学习和交流的平台，将中国文化放在一个更为广阔的国际化的背景中展现出来，具有丰富的文化含量。对话以留学生口吻叙述、讨论中国见闻，旁及各国相关文化。不同国别的学生围绕某一话题阐述观点，自然而然地展开跨文化的交流，从中我们可以领略不同文化背景的人对同一问题的看法。同时，跨文化对话能够提高学习者的跨文化交际意识，帮助他们减少文化误读，从而能够得体地运用汉语进行交际。

为加强学生口语交际技能和成段表达能力，本书每课课文和跨文化对话均侧重训练一种功能表达,并在文后对功能进行扩展。除课文和对话中出现的功能表达之外,又补充了同一功能的相关表达,以满足不同学习者的需求。同时为使学生更好地理解功能,也提供了相应的表达例句。由于本书侧重口语技能的训练和提升,对于每课课文和跨文化对话中语言点的处理,在解释说明时力求简洁明了,并在练习中进一步巩固应用。

  书中的练习设计遵循理解、模仿、记忆、熟巧、应用的语言习得过程,既有理解性、模仿性练习,也有交际性练习。特别是"实战演练"部分能够较好地引导学生运用所学知识在真实语境中进行实践操练。教学中教师可以根据教学内容适当鼓励学生积极进行一些语言实践活动。此外,实例分析是学习的延伸,既有实用的交际和文化知识的介绍、提炼,又为学习者提供了思考的空间,通过典型的文化交际情境,帮助他们加深对语言文化的理解。

  最后我们要衷心感谢本书编辑李凌及其同事在出版过程中所给予的建议和帮助。感谢插画作者何剑为本书设计了精美插图。此外,对于书中的疏漏之处,欢迎大家指正。

编 者

人物表

姓名	国籍	性别
雷奥	德国	男
汉娜	德国	女
萨沙	俄罗斯	男
卡佳	俄罗斯	女
路易	法国	男
伊莎贝拉	法国	女
民秀	韩国	男
敏姬	韩国	女
文翰	加拿大（华裔）	男
麦克	美国	男
珍妮	美国	女
巴图	蒙古	男
其其格	蒙古	女
武男	日本	男
景子	日本	女
雄柴	泰国	男
秀丝	泰国	女
里卡多	意大利	男
古纳尔	印度	男
文强	印度尼西亚	男
丽琳	印度尼西亚	女

第 一 课	礼貌与失礼 Politeness and Impoliteness	1
第 二 课	话说面子 The Face	13
第 三 课	各国名人录 The Celebrities of My Country	25
第 四 课	愚公移山 Perseverance and Willpower	37
第 五 课	无处不在的"中国制造" "Made in China" Everywhere	50
第 六 课	跨文化的交流 Cross-cultural Communication	62
第 七 课	生活中的禁忌 No-noes in Daily Life	74
第 八 课	美国学生眼里的中国教育 How Do American Students Think of Chinese Education?	86
第 九 课	千变万化的"炒" Amazing "Stir-fry"	98
第 十 课	网络突然中断？！ What? No Internet Connection?	110
第十一课	"美丽"的谎言 White Lies	123
第十二课	绿色生态墙 The Green Wall	135
第十三课	嫁人当嫁灰太狼 Ideal Husband	147
第十四课	不一样的外来词 All Kinds of Loanwords	160
第十五课	休闲时光 Leisure Time	172
第十六课	虚心使人进步 Modesty Helps to Make Progress	184

功能索引 …………………………………… 196

语言点索引 ………………………………… 197

实用词语表 ………………………………… 199

礼貌与失礼
Politeness and Impoliteness

热身话题 Warm-up Questions

1. 在中国,关系亲密的人之间很少说"谢谢",这是不礼貌吗?
2. 举例说明,在你们国家什么行为不礼貌?

功能:进一步说明(1)

……,而且……
……,并且……
……,还有……

　　来中国以后,我发现中国人很少说"谢谢",而且对熟悉的人更是这样,不像对不熟悉或者不认识的人那么客气。在日本,很熟的朋友之间也很客气,接受了对方的帮助或者礼物都要三番五次地表示感谢。并且,日本人在感谢的时候,除了嘴上说"谢谢""不好意思""麻烦您了"等等,还要恭恭敬敬地鞠躬。这样人们觉得才是礼貌的。

　　可是在中国,和中国人交往,他们常常说我太客气了。因为他们认为关系越亲密越应该避免说"谢谢""对不起"这两个日本人不离口的词。说了,反而显得见外,不够朋友。所以,久而久之,我跟中国朋友也很少说"谢谢"和"对不起"了。

　　还有,中国人对初次见面的人很热情,主动打招呼、聊天儿。可是我不习惯的是他们不太尊重别人的隐私,他们常常会

问一些在我们国家被认为是不礼貌的问题。比如他们刚刚跟我认识,就会问"你家在哪儿""今年多大了""结婚了没有""你爸爸妈妈做什么工作"……他们好像觉得是理所当然的,却让我不知所措。这一点,我的韩国朋友也有同感。她说,韩国人以前也不太注重隐私,常问"吃饭了吗""你去哪儿啊"这样的话,表示关心,但是现在大多已经改变了这些习惯。

实用词语
Useful Words and Expressions

1. 失礼 shīlǐ	动	breach in etiquette	没有礼貌
2. 客气 kèqi	形	polite	对人有礼貌
3. 三番五次 sānfān-wǔcì		several times	用如副词,强调很多次
4. 恭敬 gōngjìng	形	respectful	对对方十分尊敬的样子
5. 鞠躬 jūgōng		bow	弯腰行礼
6. 见外 jiànwài	形	regard sb. as an outsider	当外人看待
7. 久而久之 jiǔ'érjiǔzhī		after a long period of time	经过很长时间以后
8. 主动 zhǔdòng	形	initiative	自己愿意做,相对于"被动"
9. 隐私 yǐnsī	名	privacy	不想或不能公开的私事
10. 理所当然 lǐsuǒdāngrán		go without saying	按道理应该这样

第一课　礼貌与失礼

11. 不知所措 bùzhī-suǒcuò　　　be at a loss　不知道该怎么做
12. 有同感 yǒu tónggǎn　　　　sympathize with　有同样的感觉或意见
13. 彼此 bǐcǐ　　　　　　代　each other　对方与自己,互相

功能与表达
Function and Expressions

功能一：进一步说明(1)

表达：

　　……,而且……
　　……,并且……
　　……,还有……
　　……,加之……

例句：

1. 这个孩子不仅漂亮,而且十分聪明。
2. 妹妹很喜欢做饭,并且做得很好吃。
3. 老人们不怕吃苦,还有他们很乐观。
4. 新款车的性能不错,加之样式美观,很受年轻人的喜爱。

语言点例解
Language Points

◆ ……,这样……

说明：相当于"如果这样的话",指代上文,引起下文。

例句：1. 你还是早点儿出发吧,这样就可以错开上班高峰了。
　　　2. 小杨打算存钱买一辆车,这样出门就更方便了。

◆ 反而

说明：副词。表示跟前文意思相反或出乎意料之外。

例句：1. 上次考试很容易，我没考好，这次非常难，反而考得不错。

2. 我的同事小张不打扮反而更漂亮。

近义表达：反倒（多用于口语）

◆ 显得

说明："显得+形容词结构"表示看起来让人有某种感觉，但不一定是事实。

例句：1. 你穿这件黑色的衣服显得有点儿老气，还是换一件吧。

2. 城市的夜晚灯火通明，显得很美。

一、词语扩展：将下列词语扩展成短语

Expand the following words into phrases.

客气 ①　　　　　②　　　　　③

主动 ①　　　　　②　　　　　③

恭敬 ①　　　　　②　　　　　③

见外 ①　　　　　②　　　　　③

二、用指定词语完成句子或对话

Complete the following sentences/dialogues with the words or structures given.

1. 我买了一台新的笔记本电脑，_____。

（这样）

2. 老师发给大家一些复习用的参考资料，_____
_____。

（这样）

3. 现在已经是夏天了，本来应该很热，可是这几天_____
_____。

（反而）

4. A：周末去电影院看电影的人应该很多吧？
   B：很奇怪，_____。（反而）
5. A：我选哪件上衣比较好？
   B：_____。（显得）
6. 马路两边种了很多树和花，_____。（显得）

三、根据课文内容完成对话

Make a dialogue according to the text, using the words given below.

参考词语：熟悉　　反而　　这样　　客气　　见外　　显得

A: 我发现中国人很少说"谢谢"。
B: 没错，不过，这并不是不礼貌……
A:
B:
A:
B:
……

四、讲述 Give an account of...

谈谈你对于隐私的认识。

五、成段表达（尽量使用本课词语功能表达）

Discourse expression. (Try to use the function and expressions of this lesson.)

中国人朋友之间是怎么相处的？你赞同这种相处之道吗？

跨文化对话
Cross-cultural Dialogues

功能：理解

这也难怪，……
……可以理解，……
说的也是

老师：我们都知道，在人际交往中要注意礼貌。可是不同的文化对礼貌的理解并不一样。比方说，在很多国家，过问别人的隐私很不礼貌，可中国人却觉得，聊天时问一些个人的问题是表示关心。你们和别的国家的朋友交往时遇到过类似的问题吗？

武男：我和中国朋友聊天时常常遇到这样的情况。这也难怪，中国人一直很重视朋友，彼此关心，崇尚尊老爱幼，他们觉得问了你的私事是表示关心，这也没什么不好。

里卡多：在意大利，问这样的私人问题是不礼貌的。但是如果是外国人问我们，还是可以理解的，因为他们是出于好奇、感兴趣。

卡佳：说的也是。人们对不同的文化，尤其是外国文化都是很感兴趣的。比方说，对待礼物，不同的国家就有不同的习惯。俄罗斯人去别人家做客时都会带小礼物送给主人，大多数是送巧克力、鲜花什么的。我听说中国人收到礼物时一般不会当面打开来看，在我们国家，看也不看就放到一边是不礼貌的，应该马上打开并且表示出高兴的样子。

珍妮：我遇到过生活习惯不一样的情况。有一次，我去一位日本朋友家做客，没想到主人请我换了鞋才进去。说实话，我觉得大家都穿一样的鞋子有点奇怪。

景子：啊，是这样，在日本，进屋都要脱鞋。特别是去别人家做

第一课 礼貌与失礼

  客,这是一定要有的礼貌。
敏姬：韩国人也有这样的习惯。因为这个,我和我的蒙古同屋还发生过一点小冲突呢。原因就是蒙古人都穿鞋进屋,而韩国人进屋要脱鞋。
武男：一般来说,日本人比较有计划性,一旦决定的事情就很少改变。而且日本人比较守时,准时到达约定地点,迟到是不礼貌的行为。
景子：我想谈谈餐桌上的礼貌。我感觉对中国人来说,就餐的重点是和家人、朋友、恋人聊天,吃饭反而是次要的,似乎只是活跃气氛的工具。但日本人吃饭前,通常要说"我要吃了",吃完后说"我吃好了"。日本人认为,进餐其实是一个很严肃的仪式,进餐过程中无所顾忌地聊天儿不太礼貌。
路易：而且,吃饭的时候出声音也不礼貌,还有,不能边吃边说。
老师：礼貌的言行可以使我们的生活更加愉快。不过有时候,你眼里的"不礼貌"在特定的文化里并非"不礼貌"。

实用词语
Useful Words and Expressions

1. 人际 rénjì　　名　interpersonal　人与人之间
2. 比方 bǐfāng　　动　take an example　用举例子或比喻的方法说明
3. 过问 guòwèn　　动　concern with　关心,参与意见
4. 类似 lèisì　　形　similar　同类的,相似的
5. 崇尚 chóngshàng　动　advocate　非常看重
6. 出于 chūyú　　动　proceed from　是因为
7. 冲突 chōngtū　　名　conflict　严重的矛盾
8. 守时 shǒu shí　　　punctual　遵守关于时间的约定
9. 次要 cìyào　　形　subordinate　不是重要的,相对于"主要"
10. 气氛 qìfēn　　名　atmosphere　环境给人的感觉
11. 进餐 jìn cān　　　dine　吃饭
12. 无所顾忌 wúsuǒ gùjì　　without any scruple　没有任何担心的/地
13. 特定 tèdìng　　形　certain　某一个(人、时期、地方等)

功能与表达
Function and Expressions

功能二：理解

表达：
　　这也难怪,……
　　……可以理解,……
　　说的也是
　　对……我表示理解

第一课 礼貌与失礼

例句：
1. 这也难怪，刚到一个陌生的地方，当然有很多不适应的地方。
2. 望子成龙的心理可以理解，现在每家就一个孩子，当然要想办法把孩子培养成优秀的人。
3. 说的也是。工作条件不好，工资又低，谁愿意干呀。
4. 对一些人不赞成海外投资我表示理解。

语言点例解 Language Points

◆ **出于**

说明："出于+名词/动词结构"表示采取某种行动的原因是考虑到某种因素。

例句：1. 出于安全考虑，航空公司提醒乘客一定要系好安全带。
2. 提前通知大家这个变化是出于礼貌。

◆ **……也不……就……**

说明："动词₁+也/都不+动词₁+就+动词₂"表示完全没有做应该做的事，而去做别的了。

例句：1. 妈妈嘱咐他话，可他听也不听就跑了。
2. 爸爸想也不想就拒绝了我的要求。

◆ **一旦……,就……**

说明："一旦+动词结构/小句，就+形容词/动词结构"表示如果发生某种情况，就会有某种结果。

例句：1. 一旦出错，整个试验就得全部重做。
2. 一旦作出决定，就不要随便更改。

跨文化汉语交际教程 Ⅱ

一、词语扩展：将下列词语扩展成短语

Expand the following words into phrases.

崇尚　①　　　　　②　　　　　③
冲突　①　　　　　②　　　　　③
次要　①　　　　　②　　　　　③
过问　①　　　　　②　　　　　③

二、用指定词语完成句子或对话

Complete the following sentences/dialogues with the words or structures given.

1. 在北京，汽车根据车号限行是_____。（出于）

2. A: 为什么不让我自己去旅行？
   B: 因为你还不到十八岁，不让你自己去是_____。
   　　　　　　　　　　　　　　　　　　　　　　　　　　（出于）

3. 我在跟你说话呢，你怎么_____。
   　　　　　　　　　　　　　　　　　（……也不……就……）

4. 我建议弟弟好好考虑一下再决定，可是他_____
   _____。　　　　　　　　（……也不……就……）

5. 最近天气比较冷，出门时一定要小心，_____
   _____。　　　　　　　　　　　　　（一旦……就……）

6. A: 这件事应该怎么处理，你有计划了吗？
   B: 还没有，_____。
   　　　　　　　　　　　　　　　　　　　　　（一旦……就……）

三、语段表达：填写并复述下列短文

Discourse expression: Fill in the blanks and retell the paragraph.

人际交往中我们都注意礼貌，可是不同文化的人对礼貌的_____是不同的。比方说，很多外国人认为中国人_____别人的隐私不礼貌，可对中国人来说，问别人的事是一种_____。中国人一直重视朋友，彼此关心，_____尊老爱幼，他们认为过问别人的私事就等于关心别人，这是_____的，没什么不好。在意大利谈论别人的私事不礼貌，但如果是外国人问我们隐私，我们_____，因为他们是_____感兴趣。

四、讲述 *Give an account of...*

在你们国家，人们认为礼貌与不礼貌的行为有什么？

五、讨论（尽量使用本课词语功能表达）

Discuss. (Try to use the function and expressions of this lesson.)

举例说明什么样的问题是"隐私"。如果有人问你这样的问题，你会有什么反应？怎么回答？

六、话题交际 *Make a dialogue on the topic below.*

分组对话：说说在与外国人的交往中，你看到的礼貌和不礼貌的现象。

七、实战演练 *Situational communication.*

按国别总结第五题中同学们说到的"隐私"，做一个简单的问卷，采访几个中国人，记下他们认为是隐私的问题，并询问他们会怎么回应这样的问题。

实例分析 Case Study

　　上个学期我住在校外的一个小区里。每天我都会见到我的邻居——一个老大娘。每次我从屋子里出来,她都问我:"你去哪儿?"而且,每次我回家,她会问:"你从哪儿回来的?"看见我在外边散步,她会问:"干什么呢?"我觉得这个老大娘的好奇心有点儿强,她为什么什么事都要知道?在我们国家,你不认识的人不会问你这样的问题。

分析:老大娘的好奇心很强吗?她为什么问这些问题?
对策:如果你遇到这种情况,你会怎样应对?

话说面子
The Face

热身话题　Warm-up Questions
1. "面子"是什么意思?
2. 你认为中国人"爱面子"吗?请举例说明。

功能:解释

……所说的……并不单纯指……,而是……换句话说,……

　　和中国人交往多了,我发现中国人所说的面子,并不单纯指"脸面",而是一种很难用语言描述清楚的复杂概念。不但注意自己丢不丢面子,还无时无刻不想着给别人面子,在我看来中国人活得有点儿累。

　　中国人男女老少都爱面子,事事讲面子。女孩子结婚时父母要给很多嫁妆,因为那是娘家的面子;没有工作,不说"失业",叫下岗、待业。朋友、邻居或亲属之间还会为了孩子而暗暗地比较、竞争。比方说,老王的孩子进了世界500强的大企业上班,老李的孩子进了小企业上班,老王就会觉得十分有面子,而老李就会觉得没面子。类似的情况在中国社会上随处可见。

13

面子在中国可以说是无处不在。换句话说,为了不让对方丢面子,避免发生冲突,中国人通常不会直接拒绝别人,而是选择使用模糊的语言。举个例子说,朋友请你吃饭,可你不想去,你应该说:"谢谢,不过我最近忙得要命,还是改天吧。"这样你们就能相安无事。但你要是直接"诚实"地说:"我不想去",场面一定会变得很尴尬,甚至你们可能因为这件事而做不成朋友了。

实用词语
Useful Words and Expressions

1. 单纯 dānchún　　形　　simple, pure　简单的
2. 描述 miáoshù　　动　　describe　形象地叙述
3. 嫁妆 jiàzhuang　　名　　dowry　女子结婚时带去夫家的财物
4. 娘家 niángjia　　名　　a woman's family before marriage　已婚妇女自己的父母家,相对于"夫家""婆家"
5. 待业 dài yè　　　　　　await for a job　等待就业
6. 亲属 qīnshǔ　　名　　relative　有血缘或婚姻关系的人

7. 随处可见 suíchù kějiàn		can be seen everywhere	到处都有，非常常见
8. 拒绝 jùjué	动	refuse	不同意，不接受
9. 模糊 móhu	形	blur, unclear	不清楚
10. 改天 gǎitiān	副	sometime later	以后某一天
11. 相安无事 xiāng ān wúshì		dealing with each other peacefully	相处没有冲突
12. 场面 chǎngmiàn	名	scene	特定时间、地点的情况
13. 尴尬 gāngà	形	embarrassing	不好处理

功能与表达
Function and Expressions

功能一：解释

表达：

……所说的……并不单纯指……，而是……

换句话说，……

说得明白一些，……

……和……是两回事

例句：

1. 我们所说的合作并不单纯指资金上的合并，而是需要技术上的互相帮助。
2. 很多地区出现了"汉语热"，换句话说，学习汉语的人越来越多了。
3. 说得明白些，他并不想和你交往。
4. "喜欢"和"爱"是两回事。

语言点例解 Language Points

◆ 在……看来

说明:"在+某人+看来"表示对于某件事,某人的看法是……

例句:1. 在北方人看来,南方人应该不怕冷。
　　　2. 在中国人看来,西方人的个子普遍很高。

辨析:"在……看来"和"对……来说"

"在……看来"表示主观看法;而"对……来说"表示客观事实。如:对外国人来说,写汉字不太容易。

◆ 为了

说明:"为了+目的/对象+行动"或者"行动+是为了+目的/对象","为了"表示目的或对象。

例句:1. 为了通过HSK高级考试,我每天用很长时间复习语法。
　　　2. 我打算换工作是为了更高的薪水,为了家人。

◆ 因为……而……

说明:"因为+原因+而+结果",表示由于某种原因,有了后面的结果。

例句:1. 不能因为困难而退缩。
　　　2. 因为讨厌而放弃。

辨析:"因为……而……"和"为了……而……"

"为了+目的/对象+而+行动"中的"为了"表示动作的目的,如:他为了有个好工作而努力读书。这里的"而"常常省略。

一、词语扩展:将下列词语扩展成短语

Expand the following words into phrases.

单纯　①　　　　　　　②　　　　　　　③

描述 ①　　　　　　②　　　　　　③
拒绝 ①　　　　　　②　　　　　　③
场面 ①　　　　　　②　　　　　　③

二、用指定词语完成句子或对话

Complete the following sentences/dialogues with the words or structures given.

1. _____,冬天不下雪根本不能算是冬天。
   （在……看来）

2. _____,学英语一点儿也不难。
   （在……看来）

3. _____,我今天就开始准备行李。
   （为了）

4. 我买这本地图册,是_____。
   （为了）

5. A：请问您是怎么成为作家,并取得这样巨大成就的?
   B：写作是我从小的梦想,我是_____。
   （因为……而……）

6. A：你和同屋性格完全相反,怎么相处得这么好?
   B：_____。（相安无事）

三、根据课文内容完成对话

Make a dialogue according to the text, using the words given below.

参考词语：因为……而……　拒绝　为了　尴尬　随处可见　模糊

A: 在外国人看来,中国人所说的"面子"很复杂。
B: 没错,……
A:
B:
A:

B:
……

四、讲述 Give an account of...
你所了解的中国人的面子观念。

五、成段表达（尽量使用本课词语功能表达）
Discourse expression. (Try to use the function and expressions of this lesson.)

在你们国家,有没有"面子"这样的说法或观念？如果有,请你介绍一下。如果没有,试试分析原因。

老师：很多外国人对中国人的印象是,中国人特别爱面子,为了自己有面子或者给别人留面子,常常做很多外国人不会做的事。你同意这样的看法吗？

伊莎贝拉：对我来说,中国人有些想法真的挺难理解的。我觉得他们既活泼又内向,有时候因为一点小事就会觉得没面子,在我们看来这些都是无关紧要的小事,可有些中国人却十分在意。这一点和法国人完全相反,大多法国人毫不在乎别人对自己的看法,从来不管丢不丢面子的问题。

里卡多：要我说呀,中国人不管大事还是小事,首先想到的都是面子,真是"面子至上"啊！

第二课 话说面子

麦克：我跟美国人聊天时，他们会很固执地坚持自己的看法，而和中国人交谈时，为了不让别人丢面子，大家会绕圈子。我常常感觉到谈话结束时，还没弄清中国朋友到底是什么意思。

景子：说起中国人爱面子，我有同感。有一次，我跟一个中国男孩儿一起出去，吃饭、坐车的钱都是他付的，我跟他说，咱们AA制吧，可是他不愿意，说不能让女孩儿付钱。中国人这么爱面子，让我觉得很新鲜。

民秀：我在中国生活一段时间后，开始理解中国人为什么那样爱面子。我是这么看的，有些中国人觉得面子非常重要。听说，中国人如果觉得丢了面子，心里会很不舒服。

武男：说实话，日本人也比较重视面子。比如，公司里，上司把一个工作交给下属，下属就应该做出好成绩。要是做得不好，上司会丢面子，反之，下属做得好上司就很有面子。

卡佳：对俄罗斯人来说，面子也有重要的意义。以我父母为例，他们常常提醒我别做坏事，要保全家人的面子。

巴图：在蒙古语里，也有跟"丢面子"差不多的说法。比如说，在比赛中你只得了第十名，你会觉得丢面子，而冠军就觉得很有面子。事实上,面子是一个复杂的观念,对我们外国人来说很难描述,但是相信在中国生活一段时间后,我会慢慢理解。

老师:看来中国人真的很重视面子!很难说爱面子是对是错,不过生活在中国人中间,就不得不关注这个问题了!

实用词语 Useful Words and Expressions

1. 活泼 huópō　　　　形　　lively　性格外向可爱
2. 无关紧要 wúguān jǐnyào　　not important　不重要
3. 在乎 zàihu　　　　动　　care about　重视
4. 固执 gùzhi　　　　形　　stubborn　坚持自己的看法,不愿意改变
5. 绕圈子 rào quānzi　　　　beat about the bush　不直接说
6. 上司 shàngsi　　　名　　boss, superior　上级领导
7. 下属 xiàshǔ　　　名　　underling, subordinate　下级
8. 保全 bǎoquán　　　动　　defend　保护使不受伤害

功能与表达 Function and Expressions

功能二:开始阐述

表达:

要我说呀,……

说起……

我是这么看的,……

我们应该看到,……

的确,……

第二课 话说面子

例句：
1. 要我说呀，学习外语应该讲究方法。
2. 说起专业问题，我们还得请教专家。
3. 我是这么看的，推广新产品，广告设计很重要。
4. 我们应该看到，眼前的困难只是暂时的。
5. 的确，经验和能力哪个也不能少。

语言点例解 Language Points

◆ 既……又……

说明：表示同时具有两方面的性质或情况。连接动词或形容词结构。有时也可以说"既……也……"。

例句：1. 孩子小小年纪就学会照顾生病的父母，父母既开心又难过。
2. 这部笔记本电脑既时尚又高档，我想买下来。

◆ 不管……还是……都……

说明：表示任何条件下结果或结论都不会改变。比较正式时，"不管"可以换做"无论"。

例句：1. 不管中学生还是小学生都不是成年人。
2. 不管中国人还是外国人都可以免费参观这个博物馆。

◆ 反之

说明：连词。表示从相反的方面说。

例句：1. 男性大多比较强壮，反之，女性一般体力比较弱。
2. 上司管理下属，反之，下属被上司管理。

一、词语扩展：将下列词语扩展成短语
Expand the following words into phrases.

活泼 ①　　　　　　②　　　　　　③

保全 ①　　　　　　②　　　　　　③

在乎 ①　　　　　　②　　　　　　③

二、用指定词语完成句子或对话
Complete the following sentences/dialogues with the words or structures given.

1. _____，去度假应该不错。

（既……又……）

2. _____，所以大家都喜欢和他做朋友。

（既……又……）

3. 在中国家庭里，孩子小时父母照顾孩子，_____

_____。

（反之）

4. 北京四季分明，冬天寒冷，_____。

（反之）

5. A：请问，选修课和必修课一样按课时计算学分吗？

　　B：_____。

（不管……还是……都……）

6. 我们家所有的书_____

_____。

（不管……还是……都……）

三、语段表达：填写并复述下列短文
Discourse expression: Fill in the blanks and retell the paragraph.

中国人既_____又_____,他们有时因为一点儿小事就会觉得_____。中国人太_____了,在我们看来完全_____的事,中国人却十分在意。法国人一般不_____别人对自己的看法。中国是一个面子至上的国家。我跟美国人聊天时,他们会很固执地_____自己的看法,而和中国人交谈时,为了不让别人丢面子,大家会_____。我常常感觉到谈话结束时,还没弄清中国朋友到底是什么意思。

四、讲述 *Give an account of...*
中国人的"面子"观念让外国人有什么感受?

五、讨论(尽量使用本课词语功能表达)
Discuss. (Try to use the function and expressions of this lesson.)

你认为人际交往中,有必要给别人"留面子"吗?请说明理由。

六、话题交际 *Make a dialogue on the topic below.*
分组对话:你认为最丢面子的是什么样的事?如果有这样的经历,请你讲给老师和同学听。如果没有,说说你在乎面子吗?为什么?

七、语言游戏 *Language games.*
组词比赛:全班分成两组,以三分钟为限,分别组尽量多的关于"脸"和"面子"的词语(或词组),以正确率多者为胜。最后,请输的组说一说,你们觉得丢面子吗?为什么?

实例分析 Case Study

　　中国人力资源开发网进行了"你为'什么'而工作"的调查,八成人在工作中最希望被尊重,而后才会考虑福利和待遇。让人感到意外的是,中国人在工作中最看重的并不是"工资""福利"等外部回报,也不是"工作稳定""工作环境"等外界条件,而是一些"内在的回报"。

　　分析:绝大部分中国人工作的目的是希望"能够被人尊重"而非为了"钱",说明了什么?

　　分享:你赞同这种观点吗?为什么?

各国名人录
The Celebrities of My Country

热身话题　Warm-up Questions

1. 你知道中国哪些有名的人？
2. 你们国家有哪些你喜欢的名人？

功能：叙述(1)

起初……,后来……,而后

　　屈原是中国历史上伟大的爱国诗人，出生在两千三百多年前的战国时代。当时各国间斗争激烈、战争不断。屈原生活在楚国，年轻时就有远大的理想，表现出惊人的才能。起初楚王十分信任屈原，但有些人嫉妒他，在楚王面前说他的坏话，后来糊涂的楚王不再相信屈原，也不再听屈原的建议。最后楚国灭亡了。屈原极度失望和痛苦，而后在农历五月初五这一天投入汨罗江。

　　作为一个伟大的诗人，屈原开创了新诗体——楚辞，极大丰富了诗歌的表现力，对后世影响很大。屈原的作品想象力丰富，许多内容是从神话发展而来的，同时也反映了现实社会的种种矛盾。他的作品表达了对祖国、对人民的热爱，也表现了政治理想不能实现的痛苦。

屈原的代表作《离骚》最能表现作者的政治思想和伟大人格。其中的名句"路漫漫其修远兮,吾将上下而求索"更是广为传颂。它的意思是说:追寻真理的道路很漫长,但我将百折不挠、不遗余力地去追寻。

农历五月初五是汉族的传统节日——端午节。这一天要吃粽子,有的地方还要赛龙舟。据说,吃粽子和赛龙舟就是为了纪念爱国诗人屈原。最近,端午节已经入选了联合国教科文组织的人类非物质文化遗产。

实用词语
Useful Words and Expressions

1. 嫉妒 jídù 动 jealous 看到比自己好的人心里感到怨恨
2. 糊涂 hútu 形 silly 对事物的认识模糊
3. 灭亡 mièwáng 动 ruin 国家或物种不再存在
4. 汨罗江 Mìluó Jiāng   name of a river 水名
5. 开创 kāichuàng 动 initiate 首先建立
6. 楚辞 chǔcí 名 poem of Chu Nation 诗歌的一种
7. 神话 shénhuà 名 myth 传说中的关于神的故事

第三课　各国名人录

8. 人格 réngé	名	personality　人的道德品质
9. 广为传颂 guǎng wéi chuánsòng		well-known　（优秀文学作品或故事）大家都读过,传播得广
10. 漫长 màncháng	形	extremely long　非常长的(时间、路途等)
11. 百折不挠 bǎizhé-bùnáo		never give up　不管遇到多少困难都不放弃
12. 不遗余力 bùyí-yúlì		with all strength　用尽所有力量
13. 粽子 zòngzi	名	a traditional food for Dragon Boat Festival　端午节的传统食品
14. 赛龙舟 sài lóngzhōu		dragon boat racing　划龙形船的比赛,是端午节的传统活动

功能与表达 Function and Expressions

功能一：叙述(1)

表达：

　　起初……,后来……
　　……,而后……
　　一……就……
　　本来……后来……

例句：

1. 起初我们并不熟悉,后来通过几次合作成了好朋友。
2. 我们一定要把对方的情况了解清楚,而后再考虑行动方案。
3. 麦克一下课就去吃饭了。
4. 本来我打算去上海留学,后来朋友告诉我上海的方言跟普通话差距太大了,所以我就去了北京。

语言点例解 Language Points

◆ 不再

说明:"不再+形容词/动词结构"表示动作不重复或不继续下去。

例句:1. 随着经济的发展,吃饱穿暖早已不再是人们唯一的生活目的。
2. 年龄的增长使人们的容貌不再年轻。

辨析:"不再"和"再不"

"不再"强调改变;"再不"强调永远不重复以前的行动。

◆ 从……而来

说明:"从+地方/方面+动词+而来",表示事物的来源。"而来"前的动词多为表示"发展、变化、进化、演变、翻译"等意义的双音节动词。

例句:1. 现代汉字是从甲骨文演变而来的。
2. 这个节日的传统是从佛教习俗发展而来的。

◆ 据说

说明:"据说+情况"表示根据别人说的,听别人说。常用于句首。

例句:1. 据说新老师是从别的学校转来的。
2. 据说这次奖学金的评比标准有所改变。

辨析:"据说"和"听说"

"据说"用于句首;"听说"可以用于主语后,如:我听说……。不过两者都可以在中间加入所说内容的来源,如:据老师说,听他说。

一、词语扩展:将下列词语扩展成短语

Expand the following words into phrases.

嫉妒 ①　　　　　　②　　　　　　③
灭亡 ①　　　　　　②　　　　　　③

开创 ①　　　　　　　② 　　　　　　　③
漫长 ①　　　　　　　② 　　　　　　　③

二、用指定词语完成句子或对话

Complete the following sentences/dialogues with the words or structures given.

1. 现在我们的地球面临全球变暖的问题，_____。
（不再）

2. 我打算明年回国，_____。
（不再）

3. "可口可乐"这个名称，_____
_____。
（据说，从……而来）

4. A：你知道圣诞节是怎么来的吗？
   B：_____。（从……而来）

5. A：希望你们能尽全力去完成这项工作。
   B：放心吧，_____。（不遗余力）

6. A：你知道今年入学的新生有多少人吗？
   B：_____。（据说）

三、根据课文内容完成对话

Make a dialogue according to the text, using the words given below.

参考词语：据说　　从……而来　　战国时代　　楚辞
　　　　　不再　　龙舟　　　　粽子

A：听说端午节吃粽子和赛龙舟与一位诗人有关，是吗？
B：对，他叫屈原……
A：
B：
A：
B：
　……

四、讲述 Give an account of...

你所了解的端午节的来历和习俗。

五、成段表达（尽量使用本课词语功能表达）

Discourse expression. (Try to use the function and expressions of this lesson.)

你们国家有什么节日是为了纪念某位名人而设的？请介绍一下这位名人及节日的来历。

老师：每个国家都有一些值得尊敬和怀念的人，请你们想一想，要把哪一位介绍给大家呢？

萨沙：大家可能都知道普希金，他是世界有名的作家。我们从小就学习他的作品。在俄罗斯，没有人不知道普希金。他写了很多有名的诗。《奥涅金》(Evgenii Onegin)是他的代表作之一。我们永远不会忘记他和他的诗。

景子：我要介绍的是我的家乡传说中的25名青年的故事。很久以前，我们那儿有一个可恶的地方官，村民们受不了他的统治。一天夜里，村里有25个年轻人把他杀了。如果这些年轻人继续留在村里的话，村民们都要受到惩罚。于是他们离开村子，去别的岛，请求那儿的岛民收留他们。他们去了很多岛，因为没有人愿意收留他们，最后他们没能活下来。村民们很怀念这些青年，每年都纪念他们。现在每年1月24日，我们都会祭奠他们。每到这一天，人们都

不看大海。

珍妮：你们听说过马丁·路德·金（Martin Luther King Jr.）吗？他出生在美国南方，那时候白人看不起黑人。马丁的爸爸在教堂当牧师，这对他影响很大。后来，马丁也成为牧师并四处演讲。他宣讲人权平等。很多人听他演讲，也有很多人恨他。他最有名的演讲是"我有一个梦想"。我认为他是美国最有魅力的演讲家之一。如果没有他，谁知道美国的民权运动能否成功呢。

伊莎贝拉：相信大家都喜欢看电影，提起电影，法国人就会回想起"光线兄弟"（Les Frère Lumières）。"光线"是他们的姓名，法语里如果你叫一个人"光线"，意思是他很聪明。他们发明了电影艺术。里昂有个地铁站名就是"光线兄弟"，那儿附近还有一个有名的博物馆。

秀丝：在泰国，最有名、最受人尊敬的就是我们的国王，他为人民的幸福做出了巨大的贡献。不只是泰国人，很多外国人也非常喜欢他。你来泰国的时候，会看到到处都有他的照片。

里卡多：意大利有一位有名的人物，他叫卡纳瓦罗（Cannavaro），是国家足球队队长。他球技很好，而且很潇洒。卡纳瓦罗是后卫,位置在后面,所以他不像别的队员那样常常进球,但别的队员都非常佩服他,也尊敬他。

敏姬:许俊是韩国历史上著名的医学家。他从小爱读书,他妈妈常说,"世界上再没有比你更喜欢书的孩子了"。他年轻时游历了国内很多地方,收集了不少资料。他一边写医书,一边给人看病。他看病的时候,一定先给穷人看。在韩国,男女老少都爱看关于他的电视剧。

老师:通过同学们的介绍,我们对各国的名人有了一个简单的了解,大家是不是也从他们身上学到了一些东西呢?希望他们的故事对各位有所启发。

实用词语
Useful Words and Expressions

1. 可恶 kěwù	形	abhorrent	让人讨厌的
2. 地方官 dìfāngguān	名	district officer	负责管理一个地方的官员
3. 惩罚 chéngfá	动	punish	对犯错的人作出的处治
4. 收留 shōuliú	动	host	让有困难的外来的人住下并招待他们
5. 祭奠 jìdiàn	动	sacrifice	按一定的礼仪纪念去世的人
6. 牧师 mùshī	名	priest	基督教和罗马天主教的神职人员
7. 宣讲 xuānjiǎng	动	preach	向群众演讲,宣传
8. 人权 rénquán	名	human rights	人享有的人身自由,各种民主权利
9. 恨 hèn	动	hate	仇视
10. 魅力 mèilì	名	charm	吸引别人喜欢的力量
11. 贡献 gòngxiàn	名	contribution	对国家或公众有益的事
12. 潇洒 xiāosǎ	形	natural and unrestrained	自然大方
13. 后卫 hòuwèi	名	rear guard	足球、篮球运动中主要担任防卫的运动员

14. 各位 gèwèi　　　　　　(attended) everyone　对全体参加(会议等)者的称呼
15. 启发 qǐfā　　　　动　　enlighten　引起联想而有所感想

功能与表达 Function and Expressions

功能二：怀念

表达：
　　永远不会忘记……
　　很怀念……
　　回想起……
　　忘不了……
　　那时候多……啊

例句：
　　1. 我永远不会忘记在中国留学时的快乐时光。
　　2. 大家都很怀念在一起的那些日子。
　　3. 回想起童年的经历，她不禁十分伤感。
　　4. 忘不了你对我的好。
　　5. 那时候，我们还年轻，没有负担，想去哪儿去哪儿，多自由啊。

语言点例解 Language Points

◆ ……之一

说明："(最+)名词结构+之一"表示在某范围中，是某类中的一个。

例句：1. 张艺谋是现在中国最著名的导演之一。
　　　2. 这家公司的招聘条件之一是要有三年以上工作经验。

◆ 谁知道……

说明：用于反问，句中有疑问代词或正反疑问结构。表示没有人知道情况或结果如何，有不满意或不喜欢的语气。用在句首或句末。

例句：1. 谁知道他说话算数不算数？
　　　2. 那孩子去了哪里谁知道？

◆ 不像……那样……

说明："A 不像 B 那样/那么 + 形容词/动词结构"用来对比，表示 A 和 B 不一样，B 比 A 更……。

例句：1. 我不像弟弟那样喜欢读小说。
　　　2. 香山不像黄山那样高。

一、词语扩展：将下列词语扩展成短语

Expand the following words into phrases.

可恶 ①　　　　　②　　　　　③
收留 ①　　　　　②　　　　　③
宣讲 ①　　　　　②　　　　　③
启发 ①　　　　　②　　　　　③
贡献 ①　　　　　②　　　　　③

二、用指定词语完成句子或对话

Complete the following sentences/dialogues with the words or structures given.

1.《西游记》是中国古代小说中_____。
　　　　　　　　　　　　　　　　　　　（之一）

2. 他是我们班_____，并不是唯一的一位。
　　　　　　　　　　　　　　　　　　　（之一）

3. A：小刚，你弟弟去哪儿了？我刚才还告诉他别出去。

   B：＿＿＿＿＿＿＿＿＿＿＿＿＿＿＿＿＿＿＿＿，总是乱跑。（谁知道）

4. ＿＿＿＿＿＿＿＿＿＿＿＿＿＿＿＿＿＿＿＿，我问她了，可是她不愿意说。　　　　　　　　　　　　　　　　　　　　　　（谁知道）

5. 这位小说家的新作比较轻松，＿＿＿＿＿＿＿＿＿＿＿＿＿＿＿

   ＿＿＿＿＿＿＿＿＿。　　　　　　　　　　　（不像……那样……）

6. A：今年的课程和去年一样容易吗？

   B：＿＿＿＿＿＿＿＿＿＿＿＿＿＿＿＿＿＿＿＿＿＿＿＿＿＿。

   　　　　　　　　　　　　　　　　　　　　（不像……那样……）

三、语段表达：填写并复述下列短文

Discourse expression: Fill in the blanks and retell the paragraph.

我要介绍的是我的家乡传说中的25名青年的故事。很久以前，我们那儿有一个＿＿＿＿＿＿的地方官，村民们受不了他的＿＿＿＿＿＿。一天夜里，村里有25个年轻人＿＿＿＿＿＿了。如果这些年轻人继续留在村里的话，村民们都要受到＿＿＿＿＿＿。于是他们离开村子，去别的岛，请求那儿的岛民＿＿＿＿＿＿他们。他们去了很多岛，因为没有人＿＿＿＿＿＿收留他们，最后他们没能活下来。村民们很＿＿＿＿＿＿这些青年，每年都纪念他们。现在每年1月24日，我们都会＿＿＿＿＿＿他们。每到这一天，人们都不看大海。

四、讲述 Give an account of...

同学们讲了很多名人，你印象最深的是哪一位？为什么？

五、讨论（尽量使用本课词语功能表达）

Discuss. (Try to use the function and expressions of this lesson.)

介绍一个在中国有名的外国人或在留学生中有名的人。

六、话题交际 Make a dialogue on the topic below.

分组对话:互相介绍自己的偶像,说明喜欢他的原因。如果你没有偶像,说一说在你们国家最受欢迎的人是谁,并说明原因。

七、语言游戏 Language games.

把学生分为两组,老师出示准备好的中国名人的照片,请学生抢答名人的名字、身份。以100分为基准分,答对的加十分,答错的减十分。输的那组要表演一个节目。

实例分析 Case Study

留学生甲:奥运会的开幕式你看了吗?

留学生乙:当然看了,感觉非常有气势。我想场面这样宏大的表演,只有中国能做到。

留学生丙:我也很喜欢。这么精彩的演出是什么人设计的呢?

留学生甲:你不知道吗?总导演是张艺谋。他是中国著名的导演,他的很多片子都深受人们的喜爱。

留学生乙:他的很多影片,如《红高粱》《大红灯笼高高挂》《秋菊打官司》等,我都特别爱看。

分析:张艺谋的作品为什么受到很多中外人士的喜爱?

分享:你看过张艺谋的作品吗?请谈谈你对他的作品的印象。

愚公移山
Perseverance and Willpower

热身话题　Warm-up Questions
1. 你听说过愚公移山的故事吗？
2. 你是怎么看愚公移山的？

功能：叙述(2)

从前……
于是……
从此以后，……

　　从前，太行、王屋两座大山位于冀州①的南部、黄河的北边，在两座山的对面住着一个名叫愚公②的人，快90岁了。由于大山挡路，出来进去都要绕道，他感到很苦恼，就召集全家人商量说："我们尽一切力量把这两座大山挖平，好吗？"大家纷纷表示赞同。于是愚公率领儿孙们上山凿石头、挖土，并把土和石头运到渤海边上。邻居有个寡妇的七八岁的孩子也蹦蹦跳跳地去帮他们。冬夏换季，他们才能回一次家。

　　河曲智叟③嘲笑愚公，阻止他干这件事。智叟说："你简直太愚蠢了！就凭你在世上这最后几年，剩下这么点儿力气，连山上的一棵草也动不了，又能把土块石头怎么样呢？"愚公长叹一声，说："你思想真顽固啊，还不如寡妇和弱小的孩子。即使我死了，还有儿子在；儿子又生孙子，孙子又生儿子；儿子又有儿子，儿子

又有孙子;子子孙孙无穷无尽,可是山却不会增高,还怕挖不平吗?"河曲智叟无话可说。

　　山神听说了这件事,就向天帝报告了。天帝被愚公的诚心感动,命令大力神的两个儿子背走了那两座山。<u>从此以后</u>,这个地方再也没有高山<u>阻挡</u>了。

实用词语
Useful Words and Expressions

1. 愚公移山 yúgōng-yíshān		the determination to win victory and the courage to surmount every difficulty 比喻不怕困难,坚持做某件事	
2. 挡路 dǎng lù		get in one's way　在路上阻碍人前进	
3. 绕道 rào dào		make a detour　不走直线,而走较远的路	
4. 苦恼 kǔnǎo	形	distress　心理上的痛苦、烦恼	
5. 召集 zhàojí	动	call in　为一定的目的把人们叫到一起	
6. 挖 wā	动	dig　由外向里取出其中的一部分或把埋藏的东西取出来	
7. 率领 shuàilǐng	动	lead on　带领(队伍或集体)	

8. 凿 záo	动	chisel 打孔,挖掘
9. 寡妇 guǎfu	名	widow 丈夫去世的妇女
10. 蹦蹦跳跳 bèngbèngtiàotiào		scamper about 蹦着跳着
11. 嘲笑 cháoxiào	动	laugh at 笑话别人的短处
12. 阻止 zǔzhǐ	动	hold back 使停止行动
13. 愚蠢 yúchǔn	形	foolish 傻的,笨的
14. 顽固 wángù	形	stubborn 过分固执保守,不愿意接受新事物
15. 阻挡 zǔdǎng	动	block off 阻止,拦住

注释 Notes

① 冀州 Jìzhōu:一个历史悠久的城市,位于河北省中南部。

② 愚公 yúgōng:古代传说中的人物,"愚公移山"的主人公,常用来比喻不怕困难的人。

③ 智叟 zhìsǒu:指聪明的老头儿,与愚公(愚笨的老头)相对。

功能一:叙述(2)

表达:

从前……

于是……

从此以后,……

先……,接着……,然后……,最后……

例句:

1. 从前有座山,山上有座庙。

2. 我们本来约好去故宫,但听说故宫在重修,于是只好改变计划。

3. 毕业以后他回国了,从此以后,我们再也没有见面。

4. 明天是旅行的最后一天,咱们先在附近逛逛,接着买点儿特产,然后找一家特色餐厅吃饭,最后回来收拾行李。

语言点例解 Language Points

◆ 纷纷

说明:副词。"纷纷+动词结构"表示很多人或事物几乎同时出现,前后时间差别不大。

例句:1. 听说这个好消息以后,大家纷纷向老周表示祝贺。

2. 同学们纷纷报名做奥运会的志愿者。

◆ 于是

说明:连词。表示后一事接前一事,后一事往往是由前一事引起的,带有"所以"的意思。可用在主语后。

例句:1. 系里通知说今天的武术选修课推迟到下周,于是大家都回去了。

2. 听说下一次的世博会在上海举行,于是很多人开始计划上海之旅。

辨析:"于是"和"所以""因此"

"所以""因此"强调因果关系,而"于是"包含时间上的承接关系。

◆ 还不如……

说明:"A还不如B"表示B不够好,可是A更不好。用A、B对比的方式强调说明对A非常不满意。

例句:1. 这就是你重写的作文?怎么还不如上次的呢?

2. 去年的经济情况就不太理想,今年还不如去年呢。

辨析:"A还不如B"和"A比B还……"

"A比B还……"可能是褒义的,也可能是贬义的,即两者都好或者都不好。"A还不如B"则一定是贬义的,两者都不好。

第四课　愚公移山

一、词语扩展：将下列词语扩展成短语

Expand the following words into phrases.

率领　①　　　　　　②　　　　　　③
挖　　①　　　　　　②　　　　　　③
苦恼　①　　　　　　②　　　　　　③
召集　①　　　　　　②　　　　　　③

二、用指定词语完成句子或对话

Complete the following sentences/dialogues with the words or structures given.

1. ＿＿＿＿＿＿＿＿＿＿＿＿＿＿＿＿＿＿＿＿"老师，教师节快乐！"
　　　　　　　　　　　　　　　　　　　　　　（纷纷）
2. 小李提出的建议十分实用，＿＿＿＿＿＿＿＿＿＿＿＿＿。
　　　　　　　　　　　　　　　　　　　　　　（纷纷）
3. 期末考试终于结束了，＿＿＿＿＿＿＿＿＿＿＿＿＿。（于是）
4. A：参加会议的人怎么都走了？
   B：＿＿＿＿＿＿＿＿＿＿＿＿＿＿＿＿＿＿＿＿＿。（于是）
5. A：今年寒假我们去东北玩儿吧。
   B：东北太冷了，＿＿＿＿＿＿＿＿＿＿＿＿＿＿＿。（还不如）
6. A：你为什么选修上海话，而不是广东话呢？
   B：＿＿＿＿＿＿＿＿＿＿＿＿＿＿＿＿＿＿好学。
　　　　　　　　　　　　　　　　　　　　　　（还不如）

三、根据课文内容完成对话

Make a dialogue according to the text, using the words given below.

参考词语：阻挡　苦恼　召集　率领　挖　阻止　诚心　感动　终于

A：你能给我讲一个神话故事吗？

B: 好啊,我们来讲"愚公移山"吧,从前……
A:
B:
A:
B:
……

四、讲述 Give an account of...

介绍你们国家的传说、神话故事或人物。

五、成段表达(尽量使用本课词语功能表达)
Discourse expression. (Try to use the function and expressions of this lesson.)

说一说你认为愚公和智叟谁更聪明,为什么?总结一下他们各自的性格特点。你觉得你的性格更像谁?

跨文化对话 Cross-cultural Dialogues

功能:赞成

我赞成他这样做
我支持这种做法
对……我持相同的看法

老师:愚公移山的故事在中国家喻户晓。一般而言,中国人认为愚公移山精神象征着只要有毅力就能成功。可有人不这样看,他们认为,愚公真的很愚,搬个家不就什么问题都解决了吗?那么你们的观点又是什么呢?

民秀:世上有很多需要解决的困难,两座山就象征这样的困难。即使困难重重,愚公也敢于尝试解决难题,不退缩,这种精神值得称赞。我赞成他这样做。

雄柴:我觉得这个故事很有意义。快90岁的老人,一旦决定做什么就不放弃，也不管别人怎么说。我支持他这种做法。可以说，太行、王屋就是人们在生活中遇到的困难或挑战。有的人怕失败选择绕道；有人尝试战胜它却因缺乏毅力而不成功。因此，如果你想成功，决心和毅力都不能缺少。并且，你还要有自信，不能因为别人的不解而动摇。

路易：这个故事很有意思，也很真实，因为在生活中我们也会遇到类似的情况。这个故事告诉我们一个人生道理：坚持很重要，如果不坚持，事情就不可能成功，理想就不可能实现。遇到困难的时候，不要放弃，应该先努力去做。只有尽力才不会后悔。愚公就是一个很好的例子。当有人嘲笑他愚蠢时，他没有介意，最后得到了他想要得到的东西。

武男：日本有一个类似的"半日村"的故事。说的是高山脚下有一个村子，受大山阻挡，太阳只有半天能照耀到那里。村民跟愚公一样，想把大山挖平。这两个故事都是讲人力可以改造自然。这个故事让我们了解到以前人类为自然所左右，想征服自然。

敏姬：对刚才大家的观点，我持相同的看法。愚公是一个不怕困难，不怕吃苦，有坚强的意志，敢于挑战的人。愚公精神就

是不怕困难、敢于征服自然的精神。愚公是故事作者给他起的名字,这个名字意味深长。其实,作者是想告诉我们"愚公不愚"。

萨沙:这个故事感动了我。可能有人会觉得愚公很傻,比起挖平大山,搬家到别的地方更容易。的确,我也认为这样做更容易。但他决定做一件事就不放弃,他是一个坚持不懈的人。有人觉得他笨,可他为了实现目标而努力,最终成功了。我要学习愚公精神,战胜汉语学习中的困难。

麦克:我跟大家的看法完全不同。的确,有些时候应该"知难而进",但有些时候也需要灵活变通。我觉得他应该通过搬家来改变现状。

里卡多:我个人认为,愚公的想法不适合现代社会。在生活节奏很快的今天,愚公应该选择把精力放到其他更有意义的事情上。

老师:从上面的发言可以看出,大家对愚公的做法褒贬不一,然而,生活中我们难免遇到这样那样的困难,愚公移山的故事或许能鼓励我们继续前行,不轻易放弃。

实用词语
Useful Words and Expressions

1. 家喻户晓	jiāyù-hùxiǎo		everybody knows	每家每户都知道,比喻有名
2. 毅力	yìlì	名	perseverance	坚强持久的意志力
3. 观点	guāndiǎn	名	point of view	对事物的看法
4. 重重	chóngchóng	形	ring upon ring	形容非常多
5. 退缩	tuìsuō	动	cower	因为害怕等原因向后退
6. 挑战	tiǎozhàn	名	challenge	故意挑动别人跟自己战斗、竞赛,激励自己与困难作斗争
7. 动摇	dòngyáo	动	fluctuate	不坚定,改变主意

第四课　愚公移山

8. 照耀 zhàoyào　　动　　blaze　阳光、灯光等强烈地照射
9. 意味深长 yìwèi shēncháng　　significant, meaningful　形容有深刻的含义
10. 坚持不懈 jiānchí búxiè　　unremitting　不放松,不断地努力
11. 知难而进 zhīnán ér jìn　　keep going despite all the difficulties　明明知道困难却继续前进
12. 变通 biàntōng　　动　　be flexible　根据不同情况而灵活改变
13. 节奏 jiézòu　　名　　rhythm　音乐或其他事物中出现的快慢、强弱等的现象
14. 褒贬不一 bāobiǎn bùyī　　mixed response　有人赞扬,有人批评,意见不一致

功能与表达
Function and Expressions

功能二：赞成

表达：
　　我赞成他这样做
　　我支持这种做法
　　对……我持相同的看法
　　举双手赞成
　　就是,……

例句：
　　1. 我赞成他这样做,不尝试一下,怎么知道行不行呢?
　　2. 我支持这种做法,节约资源有利于持续发展。
　　3. 对小张是谈判的合适人选,我持相同的看法。
　　4. 对于垃圾分类,我举双手赞成。
　　5. 就是,孩子上学难的问题早就应该解决了。

语言点例解 Language Points

◆ 一般而言，……

说明：从一般的情况来看或来说，表示普遍的情况。一般用于句首。

例句：1. 一般而言，北方的冬天都很干燥。

2. 一般而言，熊猫只吃竹子。

近义表达：一般来说（多用于口语）

◆ 敢于……

说明：动词。"敢于+动词结构"表示有勇气、有决心去做某事。

例句：1. 遇到困难时，最重要的是要敢于面对现实。

2. 只有敢于迎接挑战的人才能成功。

辨析："敢于"和"胆敢"

"敢于"是褒义词；"胆敢"是贬义词，即"敢于"做的是好事，而"胆敢"做的是坏事。

◆ 为……所……

说明："人／事物+为+名词性结构+所+动词结构"表示人或事物受到其他人或事物的处置或影响。"为"就是"被"的意思。

例句：1. 六十年代流行的一些老歌为当时的人们所喜爱。

2. 录音机已经为ipad等新型的电子产品所代替。

练习 Exercises

一、词语扩展：将下列词语扩展成短语

Expand the following words into phrases.

照耀 ①　　　　　② 　　　　　③

变通 ①　　　　　② 　　　　　③

节奏 ①　　　　　② 　　　　　③

挑战 ①　　　　　　②　　　　　　③
重重 ①　　　　　　②　　　　　　③

二、用指定词语完成句子或对话

Complete the following sentences/dialogues with the words or structures given.

1. _____喜欢粉红色。
   （一般而言）

2. _____才能成为胜利者。
   （敢于）

3. A：一般而言,老年人不太愿意接受新观点。
   B：我同意你的看法,_____。
   （敢于）

4. A：听说看那部电影时很多人都哭了?
   B：是呀,我想_____。
   （为……所……）

5. A：现在大家都很重视外语吗?
   B：当然了,_____。
   （为……所……）

6. 人们对_____。
   （褒贬不一）

三、语段表达：填写并复述下列短文

Discourse expression: Fill in the blanks and retell the paragraph.

　　愚公移山的故事在中国_____。一般而言,中国人认为愚公移山精神_____着只要有毅力就能成功。可有人不这样看,他们认为_____,搬个家不就什么问题都解决了吗？愚公的想法不适合现代社会。在生活_____很快的今天,愚公应该选择把_____放到其他更有意义的事情上。也有人认为,世上有很多需要_____的困难,两座山就象征这样的困难。即使_____,愚公也_____尝试解决难题,不_____,这种精神值得_____。总之,大家对愚公的做法_____。

四、讲述 Give an account of...

说说你对愚公移山的看法。

五、讨论(尽量使用本课词语功能表达)

Discuss. (Try to use the function and expressions of this lesson.)

讨论一下"愚公移山"和"笨鸟先飞"的异同。

六、话题交际 Make a dialogue on the topic below.

两人一组,假设自己是愚公或智叟,试着说服对方同意自己的做法。

七、实战演练 Situational communication.

针对一个有很大难度的目标,设计一份学习或工作计划,读给大家听,请听的人点评是否能成功。

第四课　愚公移山

实例分析
Case Study

　　炎帝有一个女儿,叫女娃,她非常喜欢大海。有一天,女娃一个人乘着小船向东海——太阳升起的地方划去。不幸的是,巨浪把女娃的小船打翻了,女娃掉到海里淹死了。女娃的灵魂变成了一只精卫鸟,她决心把淹死自己的大海填平。

　　大海嘲笑她:"小鸟儿,算了吧,你就是干一百万年,也不会把我填平!"然而精卫并不放弃,她为了不让大海再夺去其他人的生命,一刻不停地衔树枝和石子填海。

　　分析:这个故事说明了什么?
　　分享:你赞同精卫的做法吗?

第五课 Lesson 5

无处不在的"中国制造"
"Made in China" Everywhere

热身话题　Warm-up Questions

1. 你的生活用品里,有哪些是中国制造的?
2. 你如何看待"中国制造"?

功能：推断

从这种现象可以看出,……
照……来看

　　有人说,中国是一个世界工厂,也可以说是一个商品出口大国,每年出口大量的电器、日用品到世界各地。很多发达国家为了降低成本在中国开设工厂,把在中国生产的产品运回自己国内出售。不管你去哪儿,买什么,几乎都能买到中国制造的产品。从这种现象可以看出,中国对海外市场的影响力越来越大。

　　以前买东西的时候,我总觉得中国制造的产品便宜是便宜,但是好像质量不太好,用不了多久就会坏,所以总是犹豫要不要买。但是现在不一样了,中国的产品和发达国家的产品质量差不多了,而且价格还便宜,所以我往往会毫不犹豫地买下来。照这样的发展趋势来看,中国很快会跟欧美并肩同行。

　　然而,"中国制造",不等于"中国创造"。很多"Made in

第五课 无处不在的"中国制造"

China"的产品,只是在中国生产的,并不是中国人自己的品牌。希望"海尔""联想"这样的中国民族品牌也能在海外市场大受欢迎,有更多的"中国创造"!

实用词语
Useful Words and Expressions

1. 出口 chūkǒu 动 export 商品卖到国外,相对于"进口"
2. 电器 diànqì 名 electronic utensil 指电视、冰箱等家用电器
3. 成本 chéngběn 名 cost 生产、销售一种产品需要的全部费用
4. 出售 chūshòu 动 sell 卖
5. 海外 hǎiwài 名 overseas 国外
6. 犹豫 yóuyù 形 hesitate 拿不定主意
7. 发达 fādá 形 developed 已有充分发展的
8. 趋势 qūshì 名 trend 发展的方向
9. 并肩 bìngjiān 动 shoulder to shoulder, of the same level 比喻水平相近
10. 创造 chuàngzào 动 create, invent 想出新方法,建立新理论,造出新产品

功能与表达 Function and Expressions

功能一：推断

表达：

从这种现象可以看出，……

照……来看

可见，……

事实证明，……

例句：

1. 现在，很多人都有这样那样的心理问题，从这种现象可以看出，人们的压力不小。
2. 照他的话来看，他不会出席这次会议。
3. 目前，中国内地手机用户超过5亿，可见，手机在中国越来越普及了。
4. 事实证明，培养想象力和创造力是教育的重要部分。

语言点例解 Language Points

◆ 也可以说是……

说明：表示"另一种说法是……"，用来补充说明。

例句：1. 在这里住了好几年，北京也可以说是我的第二故乡了。

2. 博物馆也可以说是另外一种课堂。

◆ 毫不……

说明："毫不 + 双音节形容词/动词"表示一点儿也不……。

例句：1. 这个花瓶又旧又难看，摔破了也毫不可惜。

2. 听说我们学校和那所大学有交流计划时，我毫不犹豫地报了名。

辨析:"毫不"和"毫无"
"毫无"后多是双音节名词,"毫不"后多是双音节形容词或动词。

◆ 照……来看

说明:"照+情况+来看/看来"表示根据某种情况可以得出结论,前面不能有主语。

例句: 1. 照顾客的反应来看,新产品非常受欢迎。
2. 照你的速度来看,一天也写不完作业!

辨析:"照+情况+看来"和"照+人+看来"
"照+人+看来"只用来说明某人的看法,与现有情况无关。

一、词语扩展:将下列词语扩展成短语
Expand the following words into phrases.
出口 ①　　　　　　②　　　　　　③
发达 ①　　　　　　②　　　　　　③
海外 ①　　　　　　②　　　　　　③
趋势 ①　　　　　　②　　　　　　③

二、用指定词语完成句子或对话
Complete the following sentences/dialogues with the words or structures given.

1. 不请假就不上课_____。
(也可以说是)

2. 没有经过允许就使用别人的作品_____。
(也可以说是)

3. 到目前为止我们公司的情况不太乐观,可是我们经理_____
_____。
(毫不)

4. A:校长答应让你补考了吗?

B: ＿＿＿＿＿＿＿＿＿＿＿＿＿＿＿＿＿＿＿＿＿＿拒绝了我。（毫不）

5. A：请根据目前的状况说明一下发展前景。

B: ＿＿＿＿＿＿＿＿＿＿＿＿＿＿＿＿＿＿＿＿＿＿＿＿。

（照……来看）

6. A：你觉得这场球我们的球队会赢吗？

B: ＿＿＿＿＿＿＿＿＿＿＿＿＿＿＿＿＿＿＿＿＿＿＿＿。

（照……来看）

三、根据课文内容完成对话

Make a dialogue according to the text, using the words given below.

参考词语：发展　趋势　海外　出口
　　　　　毫不　世界工厂　也可以说是

A: 最近我们身边到处都是"中国制造"的商品。

B: 可不是吗……

A:

B:

A:

B:

……

四、讲述 Give an account of...

很多人购买中国制造产品的原因。

五、成段表达（尽量使用本课词语功能表达）

Discourse expression. (Try to use the function and expressions of this lesson.)

作者对"中国制造"的商品的态度有什么转变？你对中国的产品持什么态度？

第五课　无处不在的"中国制造"

跨文化对话
Cross-cultural Dialogues

老师：这些年人们都说，走到哪儿都能买到"Made in China"的产品，你们觉得是这样吗？

其其格：可不是，我的韩国朋友送给我一个漂亮的手机壳，我开始以为是韩国的产品，没想到包装上写着"Made in China"！

敏姬：这是很可能的，现在韩国到处都是中国制造的产品。中国地大物博、产品丰富，吃的、穿的、用的、玩儿的，各种各样，什么都有。

秀丝：正如大家所说，衣食住行各方面的产品中国都有，而且出口到了世界各地。虽然有些商品的质量还是不算好，但是大家都能看到中国经济的发展已经取得了成效，中国已经变成了一个经济大国了。

古纳尔：世界上这么多国家都在出售中国制造的产品，我认为这对中国的发展大有好处。为什么大家都在买、在用中国制造的东西呢？因为款式和品质都不错，大家都喜欢。中国加入世贸组织后，机会越来越多，发展一定会越来越快的。

武男：没错，我用的很多东西都是中国制造的。日本的连锁餐厅、酒馆儿、快餐店里的冷冻食品，大部分都来自中国。离开中国制造的产品，我们的生活会有很多不方便。

珍妮：中国加入世界贸易组织后，吸引了更多人的注意，很快成

为出口大国。中国产品的一个特点是便宜。或许因为中国人的工资比较低,所以成本就低;又或许因为中国人多,什么东西都需要大量生产,所以价格当然相对便宜。正因为便宜,所以很多人买。

老师:中国制造究竟对我们的生活有怎样的影响呢?《离开中国制造的一年》这本书告诉了我们答案。书里讲述了一个普通美国家庭不购买、不使用中国产品一年的生活。最后作者说:"我们最终决定,还是跟中国进口产品共存的好。发誓一辈子不用中国产品,好像不太现实……我情愿不去考虑,未来10年不靠中国产品过活,日子会有多难。"

第五课　无处不在的"中国制造"

实用词语
Useful Words and Expressions

1. 地大物博 dìdà-wùbó　　　　large territory that abounds in natural resources　面积广大,物产丰富
2. 成效 chéngxiào　　名　　effect　成绩,效果
3. 款式 kuǎnshì　　名　　style　样式
4. 世贸 shìmào　　名　　WTO　世界贸易组织
5. 冷冻 lěngdòng　　动　　refrigeration　低温(0℃以下)保存
6. 工资 gōngzī　　名　　paymeat, wage　工作得到的钱
7. 相对 xiāngduì　　形　　comparatively, relatively　比较的
8. 共存 gòngcún　　动　　coexist　同时存在
9. 发誓 fā shì　　　　swear　庄严地说出决心或保证
10. 情愿 qíngyuàn　　动　　would rather, would like to　宁可,愿意

功能与表达
Function and Expressions

功能二:同意

表达:
　　可不是,……
　　正如……所说,……
　　没错,……
　　我基本同意……
　　那还用说,……

例句:
　　1. 可不是,中国人结婚一般选双数日子。
　　2. 正如人们所说,钱不是万能的,但没钱却万万不能。
　　3. 没错,过年时放鞭炮才有过年的味道。
　　4. 我基本同意这个计划。
　　5. 那还用说,在中国学汉语当然比在国内学汉语进步快。

Language Points

◆ 正如……

说明:"正如 + 动词结构+的+(那样/那么+形容词)",表示"和……完全一样"。

例句:1. 正如你知道的,甲型流感现在很严重。
2. 我见到的正如我想象中的一样。

◆ 究竟

说明:"究竟 + 特殊／正反疑问句"表示追问,有时有不满、不耐烦的语气。"究竟"不能用在是非问句里。

例句:1. 我已经说了三遍了,你究竟有没有认真听?
2. 你怎么总是改主意呀,究竟去哪一所大学?

近义表达:到底(多用于口语)

◆ 还是……的好

说明:"还是 + 动词结构/小句 + 的好"表示比较后,选择"还是"后面的。

例句:1. 我想了很久,觉得这次活动还是不参加的好。
2. 我看,还是你亲自来一趟的好。

Exercises

一、词语扩展:将下列词语扩展成短语
Expand the following words into phrases.

成效　①　　　　②　　　　③
情愿　①　　　　②　　　　③
相对　①　　　　②　　　　③

第五课　无处不在的"中国制造"

共存 ①　　　　　　　②　　　　　　　　　③
发誓 ①　　　　　　　②　　　　　　　　　③

二、用指定词语完成句子或对话
Complete the following sentences/dialogues with the words or structures given.

1. 你一定得问清楚，_____。（究竟）
2. _____，我还没有想好。
　　　　　　　　　　　　　　　　　　　（究竟）
3. 我想来想去，_____。（还是……的好）
4. A：我的建议你考虑了吗？
　　B：_____。
　　　　　　　　　　　　　　　　　（还是……的好）
5. _____，大学一年级的课程并不太紧张。
　　　　　　　　　　　　　　　　　　　　（正如）
6. A：昨天得到的消息，你确认了吗？
　　B：_____。（正如）

三、语段表达：填写并复述下列短文
Discourse expression: Fill in the blanks and retell the paragraph.

　　离开_____的产品，我们的生活会有_____。中国加入世贸组织后，吸引了更多人的注意，很快成为_____大国。中国产品的一个特点是_____。或许因为中国人的工资比较低，所以_____就低；又或许因为中国人多，什么东西都_____大量生产，所以价格当然_____。正因为_____，所以很多人买。

四、讲述 Give an account of...
《离开中国制造的一年》这本书的作者主要想说明什么？

五、讨论（尽量使用本课词语功能表达）
Discuss. (Try to use the function and expressions of this lesson.)

离开中国制造的产品,对你的生活会有什么影响？请具体说明。

六、话题交际 Make a dialogue on the topic below.

分组对话:在你们国家,使用中国制造的产品很普遍吗？为什么？

七、语言游戏 Language games.

说出你能想到的中国成为"世界工厂"的好处与坏处。由老师或一位同学按"利"和"弊"分两栏写在黑板上。如果弊多于利,说说你有什么建议。

提示:可以从多个角度考虑,如:世界、中国、他国、发展中国家、发达国家、市场、就业、消费、环境等等。

实例分析 Case Study

甲:我前两天去日本出差,买了一个夏普(Sharp)的日语电子词典。送给你吧。

乙:太好了,我正想要一个呢,普通的词典携带太不方便了。

甲:快打开看看,好用不好用?

乙:(翻来覆去地看,爱不释手)真不错!你看,又小巧,查找速度又快。

甲:你喜欢就好。

乙:太谢谢你啦!咦?Made in China?

分析:"中国制造"与我们的生活有怎样的关系?

分享:你遇到过类似的情况吗?请谈谈你的感受。

跨文化的交流
Cross-cultural Communication

热身话题 Warm-up Questions
1. 什么是跨文化交流?
2. 谈一谈你对跨文化交流的感想。

功能：语义转换

……,不过……
……,但(是)……
……,可(是)……

　　日本人不太喜欢直接表达自己的意见,而是喜欢间接地说出来。不过外国人,特别是西方国家的朋友不太喜欢那样的说话方式。如果有意见的话,他们希望直接说出来,告诉对方,因而有时候大家会感到有点儿麻烦。

　　我用汉语和外国人,尤其是西方人聊天时,他们一不明白,马上就直接说出来。这点和我们日本人完全不一样,我们为了不让对方尴尬,不会直接说"我不明白你的意思。"

　　这种文化上的差异让我在和西方人聊天时常常觉得有点不知所措。我只能在心里说,我在努力听你说话并且努力弄清楚你的意思,也请你试着努力弄明白我的话吧,别这么急着说"不明白"！但是,我也只是心里说说,不知道怎么解决这样的问题。

　　此外,日本人说话时习惯省略主语,相互之间都能明白,可

第六课　跨文化的交流

是外国人听起来就没那么容易明白主语是什么了。他们会弄不清楚：谁？什么？怎么回事？从而无法继续交谈，由此引起的误会也不少。

　　和外国人交往，我们能发现很多文化习惯和思考方式的不同，虽然误解在所难免，然而跨文化的交流是非常有趣且有益的。与别的国家的人交流，可以丰富我们的生活，而且能使我们反省自己。

实用词语
Useful Words and Expressions

1. 间接 jiànjiē　　形　　indirect　　不直接
2. 因而 yīn'ér　　连　　thus　　因此
3. 尤其 yóuqí　　副　　especially　　特别
4. 差异 chāyì　　名　　difference　　不同之处
5. 此外 cǐwài　　连　　besides　　除了这个以外
6. 省略 shěnglüè　　动　　omit　　把不必要的部分省去不要
7. 主语 zhǔyǔ　　名　　subject of a sentence　　句子陈述的对象

8. 引起 yǐnqǐ		动	arise	使另一种事情、现象发生
9. 误解 wùjiě		名	misunderstanding	错误的理解
10. 在所难免 zàisuǒ nánmiǎn			unavoidable	表示无法避免
11. 有益 yǒuyì		形	beneficial	有好处的
12. 反省 fǎnxǐng		动	autocriticise	认真思考（自己的行为是否有错，错在哪里）

功能与表达 Function and Expressions

功能一：语义转换

表达：

……，不过……

……，但（是）……

……，可（是）……

然而……

……，否则……

例句：

1. 天气很晴朗，不过风有点儿大。
2. 我跟他联系了，但是没有联系上。
3. 我很喜欢吃辣的，可是吃不惯麻辣的。
4. 你的调查很详细，然而缺少数据，所以说服力不够。
5. 大家一起干才快，否则今天是干不完的。

语言点例解 Language Points

◆ 因而……

说明：连词。"因而"用于连接原因与结果或结论。

例句：1. 他的公司曾遭受过严重的打击，因而他对开公司失去了信心。
　　　2. 这个洗发水广告电视台每天放几十次，因而大人小孩儿几乎都会哼那首广告曲。

近义表达：因此、所以

◆ 尤其是……

说明："尤其是……"用来说明同类事物中需要强调的一个。

例句：1. 他们家的孩子都很聪明，尤其是他弟弟。
　　　2. 这几个网站都挺有意思的，尤其是新开的那一个。

辨析："尤其是"和"尤其"

"尤其"后常接形容词或动词，而且语序不同，如：

　　　3. 他们家的孩子都很聪明，尤其是他弟弟。
　　　4. 他们家的孩子都很聪明，他弟弟尤其聪明。

◆ 从而

说明：连词。"从而＋动词结构"用于后一小句开头，沿用前一小句的主语。表示有意识地进行某一行动，然后得到结果。一般用于过去时。

例句：1. 政府大力加强治安管理，从而保证了庆典的顺利举行。
　　　2. 公司加大了改革力度，从而彻底改变了工作效率低下的状况。

辨析："从而"和"这样"

"从而"常用于过去的事情，多用于书面；而"这样"常用于未来、预计中的情况，多用于口语。

一、词语扩展：将下列词语扩展成短语

Expand the following words into phrases.

有益　①　　　②　　　③
反省　①　　　②　　　③
误解　①　　　②　　　③

引起 ①　　　②　　　③
省略 ①　　　②　　　③

二、用指定词语完成句子或对话

Complete the following sentences/dialogues with the words or structures given.

1. 我们在出行前制定了详细的计划，_____
_____。（因而）
2. 他读了许多书，_____。（因而）
3. 我喜欢看电视的时事节目，_____。
（尤其是……）
4. A：你知道最近新上映的几部电影哪一部最棒？
   B：_____。（尤其是……）
5. A：为什么近三十年中国的人口出生率大大降低？
   B：_____。（从而）
6. 领导采取了好几项措施，_____。
（从而）

三、根据课文内容完成对话

Make a dialogue according to the text, using the words given below.

参考词语：差异　在所难免　从而　省略　理解　反省　因而

A：和外国人交流时很容易产生误解。
B：我也这么想……
A：
B：
A：
B：
　……

第六课　跨文化的交流

四、讲述 Give an account of...
你如果对别人有意见,会直接对他说出来吗？请举例说明。

五、成段表达（尽量使用本课词语功能表达）
Discourse expression. (Try to use the function and expressions of this lesson.)

你亲身经历的与外国人交流时发生的问题或趣事。

跨文化对话
Cross-cultural Dialogues

功能：回忆

记得有一年……
……曾遇到过一件……事
有一次……

老师：大家有没有听过"地球村"的说法？现在我们可以方便地和来自世界各地的人交朋友,好像世界变小了。但是每个地方的人都有自己的特点。跨文化交际是一个充满趣味和魅力的话题。你们能说说自己的经历吗？

景子：我先说吧。记得有一年学校组织我们去澳大利亚游学,还安排了和当地土著见面。刚开始的时候气氛还挺融洽的,谁知聊着聊着那个土著突然气愤地离开了,大家都莫名其妙。后来才知

道他看到我们笑,以为是我们看不起他、在嘲笑他。这可真是天大的误会!

麦克:说实在的,我不太了解日本人。美国人喜怒哀乐形于色,常常直接说出自己的意见和想法。而日本人则很少直截了当地说自己的观点,所以我不清楚,也猜不出来他们真实的想法。我只是感觉日本人很有礼貌,因为他们常常是微笑着的。

武男:日本人喜欢拐弯抹角,不喜欢直来直去,有时,在严肃的场合下,日本人也保持着笑容,这些都是出于礼貌。

敏姬:我去西班牙旅游时曾遇到过一件尴尬的事。西班牙人见面时一般相互拥抱,然后亲对方的脸。我很不习惯这种问候方式,当时弄得我特别不好意思。

秀丝:我也遇到过一件对我来说不可思议的事。有一次寒假,我们几个关系不错的留学生打算一起去旅行。另外一个不太熟悉的留学生想跟我们一起去。我的一个西方朋友直接对他说:我们几个都是好朋友,可你不是我们的朋友,所以不能带你去。我当时听到这些话真是太吃惊了。

丽琳:在印尼,我没和外国人交往过,但是在北京我有很多外国朋友。每个国家的文化和风俗习惯都不太相同,所以不同国家的人相互交往,最重要的应该是彼此尊重,这样就能避免不少麻烦。

巴图:对我来说,和亚洲人交往比较轻松,和欧洲人的想法差距比较大。不瞒大家说,我和欧洲同屋相处时曾遇到过困难。另外我想说的是,和蒙古人交往直来直去就行了。

老师:大家来自不同的国家,各自的语言、文化不同,在语言和文化存在差异的情况下,难免彼此产生误解,甚至冲突。有意识的沟通可以帮助解决这样的问题,因为不管来自哪里,说什么语言,人与人之间其实有很多共性。只要彼此真心相待、相互理解尊重,就一定能克服交流的障碍。

第六课　跨文化的交流

实用词语
Useful Words and Expressions

1. 土著 tǔzhù　　　　　　名　　aborigines　世代居住本地的人
2. 融洽 róngqià　　　　　形　　harmonious　关系友好轻松
3. 气愤 qìfèn　　　　　　形　　angry　生气
4. 莫名其妙 mòmíngqímiào　　puzzled　觉得很奇怪,不明白
5. 喜怒哀乐 xǐ-nù-āi-lè　　all kinds of feelings　形容各种感情
6. 形于色 xíng yú sè　　　express emotions through countenance　脸上表现出来
7. 拐弯抹角 guǎiwān-mòjiǎo　do indirectly　不直接,绕圈子
8. 直来直去 zhílái-zhíqù　　straight　性格直率,行事直接
9. 不可思议 bùkě-sīyì　　　inconceivable　不能理解,奇怪
10. 差距 chājù　　　　　　名　　disparity, gap　相差的距离
11. 沟通 gōutōng　　　　　动　　communicate　使相互了解
12. 共性 gòngxìng　　　　　名　　commonness　共同的性质特点
13. 障碍 zhàng'ài　　　　　名　　impediment　阻挡前进的东西

功能与表达
Function and Expressions

功能二：回忆
表达：
　　记得有一年……
　　……曾遇到过一件……事
　　有一次……
　　在……年代,……
　　在……的那段日子里,……

例句：
1. 记得有一年，妈妈送我一块电子表，我喜欢得不得了。
2. 我去新疆旅行的路上曾遇到过一件有趣的事。
3. 有一次，我把钱包落在出租车上了。
4. 在战争年代，人们的生活十分艰苦。
5. 在大学的那段日子里，我读了很多名著。

语言点例解 Language Points

◆ 弄得……

说明："表示"使人或物怎么样"。主要有以下三种用法："人$_1$／物$_1$+把+人$_2$／物$_2$+弄得+状态"或"人$_1$／物$_1$+弄得+人$_2$／物$_2$+状态"或"人$_2$／物$_2$+被+人$_1$／物$_1$+弄得+状态"。

例句：1. 他的玩笑把我弄得哭笑不得。
2. 他的玩笑弄得我哭笑不得。
3. 我被他的玩笑弄得哭笑不得。

◆ 不瞒……说，……

说明："不瞒+听话人+说"表示告诉对方真实的情况或想法。

例句：1. 不瞒您说，初次见面时我以为您是个古板的人。
2. 不瞒大家说，我不太喜欢吃中国菜。

近义表达：说实话，说实在的

◆ 在……下，……

说明："在 + 动词结构 + 下"表示某种情况或条件。

例句：1. 我们兄弟在父母的影响下，都热爱运动。
2. 在朋友的不断追问下，我不得不说了实话。

第六课　跨文化的交流

一、词语扩展：将下列词语扩展成短语

Expand the following words into phrases.

融洽 ①　　　　　②　　　　　③
气愤 ①　　　　　②　　　　　③
沟通 ①　　　　　②　　　　　③
障碍 ①　　　　　②　　　　　③

二、用指定词语完成句子或对话

Complete the following sentences/dialogues with the words or structures given.

1. _____完全不知所措。（弄得）
2. 是谁把这么漂亮的画_____？（弄得）
3. A: 你喜欢吃中国菜吗？
   B: _____。（不瞒……说）
4. A: 你对这家酒店的服务还满意吗？
   B: _____。（不瞒……说）
5. A: 你为什么能写这么一手好字？
   B: _____。（在……下）
6. A: 你是怎么成功减肥的？
   B: _____。（在……下）

三、语段表达：填写并复述下列短文

Discourse expression: Fill in the blanks and retell the paragraph.

　　你可能听过_____的说法。世界变小了，现在我们可以方便地和_____交朋友。跨文化交际是一个_____的话题。每个国家的_____都不太相同，所以不同国家的人相互交往，最重要的应该是＿＿＿＿＿＿＿＿＿＿，这样就能＿＿＿＿＿＿＿＿＿＿＿。在＿＿＿＿＿＿＿＿＿存在差异的情况下，＿＿＿＿＿＿＿＿＿＿可以帮助解决交流的问题，因为不管来自哪里，说什么语言，人与人之间其实＿＿＿＿＿＿＿。只要彼此＿＿＿＿＿＿＿、相互理解尊重，就一定能克服＿＿＿＿＿＿＿＿。

四、讲述 Give an account of...

如何与外国人交往？你认为和外国人交流时产生误解的原因是什么。

五、讨论（尽量使用本课词语功能表达）

Discuss. (Try to use the function and expressions of this lesson.)

一个中国朋友和你一样喜欢一部电影。如果有一天他告诉你他"好容易才买到一张这部电影的DVD"，你会请他帮忙买一张吗？为什么？

六、话题交际 Make a dialogue on the topic below.

分组对话：你听说过"文化休克"吗？举例说明你或你认识的人经历过的"文化休克"。

七、语言游戏 Language games.

抢答：老师说一个句子，然后提问，答对的组加一分，抢答但是答错的减一分。要求学生不能看书。

1. 小张差一点儿就做完考试卷了。　　小张做完考试卷了吗？
2. 小李差一点儿没做完考试卷。　　　小李做完考试卷了吗？
3. 北京队大胜上海队。　　　　　　　谁赢了比赛？
4. 北京队大败上海队。　　　　　　　谁赢了比赛？
5. 昨天的考试，别提了！　　　　　　考得好吗？
6. 昨天的考试，别提多好了！　　　　考得好吗？
7. 我的工作好辛苦！　　　　　　　　工作辛苦吗？
8. 我的工作好不辛苦！　　　　　　　工作辛苦吗？
9. 我跟你借的书是那本。　　　　　　是我借给你的还是向你借的？
10. 租车出游是个好主意。　　　　　　是出租自己的车还是租用别人的车？

第六课　跨文化的交流

> **实例分析**
> **Case Study**

（一位留学生和他的辅导老师一起吃饭,他们在餐厅点菜。）
留学生:您想吃什么?
辅导老师:随便。
留学生:要一个"随便"。
服务员:啊?

分析:为什么很多中国人喜欢说"随便"?
对策:如果你遇到这种情况会如何应对?

第七课
Lesson 7

生活中的禁忌
No-noes in Daily Life

热身话题　Warm-up Questions

1. 你知道中国人生活中的禁忌吗?
2. 在你们国家,生活中有哪些禁忌是一定要注意的?

课　文　Text

功能:举例(1)

比如……
举个例子说吧,……
比方说……

每个国家都有自己的禁忌。中国人也不例外。中国人爱图吉利,生活中的一些禁忌常和谐音有关。中国人在有不好的事情发生时,大多利用谐音避免不愉快。比如,过年的时候不小心

岁岁平安
(碎碎平安)

74

第七课　生活中的禁忌

打碎了盘子、饭碗什么的，心里可能不痛快，但是会马上说"岁岁平安"。因为"岁"和"碎"谐音，好像这样坏事变好事了，心里也就舒服多了。据说，有些地方，梨不能分着吃，因为"梨"和"离"谐音，分吃一个梨很容易让人联想到"分离"。

送礼物也有不少要注意的禁忌，举个例子说吧。给新婚夫妇送礼物时，最好不要送伞，避免使人产生"散"的联想。另外，送礼物的时候最好不要送钟，特别是不要给老人送钟。"钟"和"终"谐音，"送终"是照顾快要死去的长辈，给死人送葬的意思。

在交往过程中，中国人还有一些很在意的事情，比方说称呼长辈，一定不要直接叫他的名字，这样是非常不礼貌的，可以根据对方的年龄用"爷爷""奶奶""叔叔""阿姨"之类的称呼。

实用词语
Useful Words and Expressions

1. 禁忌 jìnjì　　　名　　taboo, no-no　在某种文化中绝对不能做的事
2. 谐音 xiéyīn　　名　　partial tone　发音相同或相近
3. 避免 bìmiǎn　　动　　aviod　使某事不要发生
4. 岁岁平安 suìsuì píng'ān　　live peacefully all the time　年年都平安
5. 联想 liánxiǎng　　动　　associate　因为某事物想到和它有关的事
6. 散 sàn　　　　动　　come loose, fall apart　分开
7. 送终 sòng zhōng　　look after mortal senior　照顾临终的老人，为他安排后事
8. 送葬 sòng zàng　　bury the dead　将尸体送到埋葬或火化地点
9. 长辈 zhǎngbèi　　名　　eldership　辈分比自己高的人，相对于"晚辈"

功能与表达 Function and Expressions

功能一：举例(1)

表达：

比如……

举个例子说吧,……

比方说……

打个比方,……

例如……

例句：

1. 这里的老人享受很多优待,比如65岁以上的老人可以免费乘坐公交车。
2. 住在学校里很方便,举个例子说吧,宿舍楼对面就有个超市。
3. 中国有尊老爱幼的传统,比方说,公交车上有老弱病残孕专座。
4. 没有调查研究就不能轻易下结论,打个比方,没有吃过的东西,怎么能知道好吃不好吃呢？
5. 送礼有很多讲究,例如,不能给新婚夫妇送伞。

语言点例解 Language Points

◆ 图

说明：动词。"(行动)+图+目的"表示为了得到某物或达到某种目的。有时为了结构平衡会在后面加"个"。如：图个心安。

例句：1. 搬家到郊外是为了图个清净。

2. 做买卖当然是为了图利。

第七课　生活中的禁忌

◆ 和……有关

说明："A 和 B 有关"表示两个事物有联系。A、B 可以是两个事物，也可以是一人一物，但不能指两个人。

例句：1. 这次金融危机和股票市场有关。

2. 你怎么能肯定这次的失败和小李有关？

反义表达：和……无关

◆ ……之类的

说明："例子₁（+例子₂）+之类的+（表示类别的事物）"表示有不少某类别的事物，但不一一列举时简略的说法。

例句：1. 我们爬山时应该带点儿水果之类的。

2. 我们爬山时应该带点儿苹果、桔子之类的水果。

一、词语扩展：将下列词语扩展成短语

Expand the following words into phrases.

禁忌 ①　　　　　②　　　　　③
散　 ①　　　　　②　　　　　③
避免 ①　　　　　②　　　　　③
联想 ①　　　　　②　　　　　③

二、用指定词语完成句子或对话

Complete the following sentences/dialogues with the words or structures given.

1. 还有三分钟开始考试，请大家做好准备，把_____
_____。（和……有关）

2. 你知道下午的讲座_____？
（和……有关）

3. 其实我并没有_____。（图）

4. A：你何必每天这么辛苦工作呢？
   B：_____。(图)
5. A：今天你要去图书大厦吗？
   B：是呀，我想买_____。
   (……之类的)
6. A：你常常做什么样的运动？
   B：_____。
   (……之类的)

三、根据课文内容完成对话

Make a dialogue according to the text, using the words given below.

参考词语：禁忌　谐音　联想　图　……之类的　吉利

A：你知道中国传统的禁忌和什么有关吗？
B：知道一点儿，……
A：
B：
A：
B：
……

四、讲述 Give an account of...

举例说明中国人生活中的各种禁忌。

五、成段表达（尽量使用本课词语功能表达）

Discourse expression. (Try to use the function and expressions of this lesson.)

举例说明你们国家的一些与谐音有关的禁忌及其来源。

第七课　生活中的禁忌

功能：告诫

绝对不能……
千万不要……
一定要……

老师：每个国家生活中都可能有一些禁忌。中国有一句俗话：入国问禁，入乡随俗。就是说要尊重当地人的习俗。你们能介绍一下自己国家的禁忌吗？让打算去你们国家旅行、生活的人参考一下。

景子：我来介绍一下日本婚礼上的相关禁忌：首先，一定不能说带有"死、再、重叠"等意思的词，因为对新人不吉利。其次，新婚礼物，一般是奇数的，双数的物品可以分开，会有"可能分手"这样不好的联想。

武男：另外，吃饭的时候，绝对不能把筷子插在米饭上，因为葬礼的时候，给死人的饭就是那样摆放的。

珍妮：美国很少有谐音，我们完全没有注意到这方面，所以刚到中国的时候，闹了不少笑话。如果你们去美国，首先要注意不能和美国人讨论狗肉好不好吃这样的问题，因为我们不吃狗啊、蛇啊这些可爱的动物的肉。其次，在机场不要提"炸弹""恐怖分子"这样的词，如果说了，可能就会遇到麻烦。

文翰：在加拿大有一个挺有意思的禁忌，如果你要出远门，像旅行、出差之类的，出门后千万不要马上又回到家里。要是忘了护照等重要的东西不得不回去取，一定要在家多呆几分钟再出去，好像有事做似的，否则就不吉利。我问过很多人这一禁忌的起源，可惜没人能给我一个确切的答案。

伊莎贝拉:法国人不喜欢谈论和钱相关的话题。可能因为人们相信钱多了也会带来麻烦。所以跟我聊天时,不要告诉我你有多少钱!

民秀:我们国家也深受儒家思想的影响,晚辈不能直呼长辈的名字。晚辈和长辈一起进餐时,要等长辈先动筷子后,晚辈才能吃。

卡佳:在俄罗斯,过节的时候不能送双数的花,因为葬礼的时候才送双数的花。另外,不要弄撒盐,如果把盐弄撒了,预示着你近期会跟人吵架。还有些禁忌比较难解释原因,比如两个人不能同时用一个毛巾擦手。

古纳尔:我们吃饭的时候要用右手吃,并且吃饭过程中不能中途离开。另外,在寺庙里祈求后,不要把自己祈求的内容告诉别人,否则,愿望就实现不了。

老师:今天的讨论很实用,了解不同的禁忌有助于我们尊重彼此的习惯,跟不同文化的人更好地交流。

第七课　生活中的禁忌

实用词语
Useful Words and Expressions

1.	重叠 chóngdié	动	overlap	重复或一层加上一层
2.	奇数 jīshù	名	odd number	单数
3.	插 chā	动	insert	长形或片状的东西放入别的东西里
4.	摆放 bǎifàng	动	lay, put	放置，安放
5.	炸弹 zhàdàn	名	bomb	一种杀伤性武器
6.	恐怖分子 kǒngbù fènzǐ		terrorist	从事威胁别人生命的活动的人
7.	起源 qǐyuán	名	origin	事物发生的根源
8.	确切 quèqiè	形	authentic	准确，确实
9.	直呼 zhí hū		call someone by name	直接称呼（别人的名字）
10.	撒 sǎ	动	scatter	细小的东西掉落或被扔出去
11.	预示 yùshì	动	foreshow	预先显示将来的事情
12.	祈求 qíqiú	动	invoke	向神灵、祖先诚心请求

功能与表达
Function and Expressions

功能二：告诫

表达：

　　绝对不能……
　　千万不要……
　　一定要……
　　可别……
　　这可不是闹着玩儿的

例句：
1. 这件事绝对不能告诉任何人。
2. 你们千万不要轻敌,对方很有实力。
3. 一个人在外,一定要注意安全。
4. 她生起气来特别吓人,你可别惹她。
5. 这可不是闹着玩儿的。玩儿火容易引起火灾。

语言点例解 Language Points

◆ 首先,……其次,……

说明：说明事物发生或重要性的顺序。后面还可能有"再次""最后"等词。

例句：1. 首先,我要感谢我的教练,其次,我要感谢我的队友,没有他们的帮助,就没有我今天的胜利。
2. 要做好并不困难,首先你要有信心,其次要冷静,我相信你能成功。

◆ 好像……似的

说明："A 好像 B 似的",用大家都知道的 B 的特点来说明 A 的情况。

例句：1. 今天的温度好像冬天似的。
2. 看他的样子,好像不认识我似的。

◆ 否则

说明：连词。表示"如果不是这样"的意思。用在后一小句句首。

例句：1. 我们必须马上出发,否则一定赶不上飞机。
2. 遵守规定是必要的,否则情况会很难控制。

近义表达：不然(的话)(多用于口语)

第七课　生活中的禁忌

一、词语扩展：将下列词语扩展成短语

Expand the following words into phrases.

插　①　　　　　②　　　　　③
确切　①　　　　②　　　　　③
撒　①　　　　　②　　　　　③
预示　①　　　　②　　　　　③
祈求　①　　　　②　　　　　③

二、用指定词语完成句子或对话

Complete the following sentences/dialogues with the words or structures given.

1. 这个菜的做法很简单，_____
_____。　　　　　（首先，……其次，……）

2. 有一件事要请大家特别注意，_____
_____。　　　　　（绝对不能）

3. 这个小女孩儿太漂亮了，打扮得_____。
　　　　　　　　　　　　　　　　（好像……似的）

4. A：这顶帽子的形状你喜欢吗？
   B：不喜欢，_____。
　　　　　　　　　　　　　　　　（好像……似的）

5. A：我能不参加这次考试吗？
   B：不行，你必须参加，_____。（否则）

6. A：你怎么走得这么急呀？
   B：_____。（否则）

三、语段表达：填写并复述下列短文

Discourse expression: Fill in the blanks and retell the paragraph.

印度人吃饭的时候要用_____吃，并且吃饭过程中不能_____。另外，在寺庙里_____后，不要把自己_____的内容告诉别人，否则，愿望就实现不了。今天的讨论_____，了解不同的_____有助于我们_____彼此的习惯，跟不同文化的人更好地_____。

四、讲述 *Give an account of...*

日本、韩国和中国有哪些相似的禁忌？简单说明为什么会这样。

五、讨论（尽量使用本课词语功能表达）

Discuss. (Try to use the function and expressions of this lesson.)

传统的禁忌是否有必要遵守？请举例说明。

六、话题交际 *Make a dialogue on the topic below.*

分组对话：说说你们国家的或你所了解的某一国家或民族的禁忌，包括起源、人们实行的情况等等。

七、语言游戏 *Language games.*

同学们坐成一圈数数，数到4、14的人不说数字，说"大吉大利"；数到8、18的同学说"恭喜发财"，说错的人（包括数到其他数字时失误的人）退出。看谁能坚持到最后。

（注："大吉大利"，非常幸运、顺利，是人们不小心说了不吉利的话时补救的用语。）

第七课　生活中的禁忌

　　如果孩子吃饭时把筷子插在饭碗里,长辈会告诉他不能这样做。不只是中国,日本等国也有这样的禁忌。所以请大家一定注意这个小细节,千万别因为这个影响了吃饭的好心情。

　　分析:为什么不能把筷子插在饭碗里?
　　分享:饭桌上还有什么需要注意的?

第八课 Lesson 8

美国学生眼里的中国教育
How Do American Students Think of Chinese Education?

热身话题　Warm-up Questions

1. 中国教育和你们国家的教育差异大吗？为什么？
2. 你认为中国大学最大的特点是什么？

功能：比较（1）

相比之下，……
……不如……
和……比起来，……

　　我来自美国波士顿，在北京的中学读了两年，深刻感受到美国和中国教育差异巨大。

　　波士顿的学校规定每班人数为二十八人，最多不能超出三十二人，相比之下，北京的中学，每个班一般都是五十多人。这样，在中国，老师能给每个学生的关注显然不如美国学校多。

　　因为要参加统一的中考、高考，而成绩是决定能否升学、升入什么等级学校的唯一标准，中国中学生的课业难度，完全超乎我的想象。我们考SAT也很重要，但是可以自由地选择参加的时间和次数，也不需要特别准备，主要看平时的积累，而且主要是考方法，考能力，不像中国的中考高考，考知识比较多。

　　和美国学生比起来，中国学生在课堂上相对要安静得多。他们很少主动问问题或发表意见，不知道是不是因为人太多，上

第八课　美国学生眼里的中国教育

课的时候学生很少单独发言,更多的时候是齐声朗读,一起做练习、对答案。在美国,老师要是不需要维持纪律就能把一节课上下来,那他就太了不起了。中国老师好像没有这个烦恼。

总的来说,美国的学校教育强调找到每个学生的长处并培养他这一长处,老师鼓励多、批评少。中国的学校虽然也强调"素质教育""全面发展",可还是太看重分数,学生从事课外活动的时间和精力都很有限。

实用词语
Useful Words and Expressions

1.	课业 kèyè	名	lesson, school work	功课,学业
2.	难度 nándù	名	difficulty	困难的程度
3.	超乎 chāohū	动	exceed	超过
4.	积累 jīlěi	动	accumulate	(知识、经验等)逐渐聚集
5.	发表 fābiǎo	动	deliver, issue	公开表示(意见、看法等)
6.	维持 wéichí	动	maintain	使保持良好的状况
7.	纪律 jìlǜ	名	discipline	一个集体为了使工作正常进行而制定的、要求成员遵守的规定
8.	烦恼 fánnǎo	名	trouble, worry	令人心烦的事
9.	强调 qiángdiào	动	emphasize	特别重要或重点提出

10. 精力 jīnglì　　　　名　　　　energy　精神和体力
11. 有限 yǒuxiàn　　　形　　　　limited　有限制的，不足的

功能与表达 Function and Expressions

功能一：比较(1)

表达：

　　相比之下，……
　　……不如……
　　和……比起来，……
　　不像……那么……
　　比起……，……

例句：

1. 相比之下，穿红色衣服照出来的效果更好。
2. 有时候，坐车不如骑车快。
3. 和欧美人比起来，日本人掌握汉字更容易。
4. 桂林的气候不像北京那么四季分明。
5. 比起长途汽车，火车更安全。

语言点例解 Language Points

◆ 显然

说明：形容词。表示很容易看出来，很明显的样子。

例句：1. 显然，经理并不赞成这个处理方法。
　　　2. 老板显然还不知道这件事。

第八课　美国学生眼里的中国教育

◆ 而……

说明：连词，可连结形容词、动词短语和小句。"而"可表示互相补充，也可表示转折。

例句：1. 这件大衣美观而大方，很适合你。

　　　2. 这次国庆节有七天长假，而长假期间往往是旅游的高峰。

　　　3. 放暑假同学们都回家了，而我却在学校准备考试。

◆ ……下来

说明："动词＋下来"中，趋向补语"下来"表示动作完成。

例句：1. 老师要求我们把这篇课文背下来。

　　　2. 出租车停下来了。

一、词语扩展：将下列词语扩展成短语

Expand the following words into phrases.

超乎　①　　　　　②　　　　　③
烦恼　①　　　　　②　　　　　③
强调　①　　　　　②　　　　　③
维持　①　　　　　②　　　　　③

二、用指定词语完成句子或对话

Complete the following sentences/dialogues with the words or structures given.

1. 妈妈的表情很愉快，_____。

（显然）

2. 我想组织一个远足活动，可是同学们没有一个人报名，_____
_____。

（显然）

3. 长得_____是每一个女孩儿的愿望。

（而）

4. 大部分家长都希望孩子考上名牌大学，_____。

（而）

5. _____，真不容易。

（下来）

6. A：父母能答应你的要求吗？

B：放心吧，_____。

（下来）

三、根据课文内容完成对话

Make a dialogue according to the text, using the words given below.

参考词语：超乎　难度　烦恼　维持　强调

A：听说你在中国上过中学，有什么特别的感受吗？

B：当然有，还不少呢……

A：

B：

A：

B：

……

四、讲述 Give an account of...

你中学时印象最深的是什么？

五、成段表达（尽量使用本课词语功能表达）

Discourse expression. (Try to use the function and expressions of this lesson.)

说说你们国家的教育情况。

第八课　美国学生眼里的中国教育

跨文化对话
Cross-cultural Dialogues

功能：吃惊(1)

天哪！
……竟然……
好家伙！

老师：大家现在对中国的教育或多或少有了亲身体验，能谈谈你们的感受吗？

雷奥：我去过一所中国的高中，那里一个班的学生很多，将近六十人，差不多是我们德国高中班的两倍。可是，奇怪的是，这么多人，却非常安静，都认真地听老师讲课、记笔记。

萨沙：天哪！六十人一个班？这么多？老师，中国的学校每个班都有这么多人吗？

老师：那倒不一定。你去的是重点学校吗？

雷奥：是的，我朋友告诉我那是北京的市重点中学，学生都很有实力，是同龄人羡慕的对象呢。

老师：一般来说，有名气的重点学校可能会有这样的问题，班级多，每个班的人数也多。

麦克：我在一个小学当过英语老师，孩子们都很喜欢我的课，我们相处得很愉快，可没想到校长竟然不大满意，他找我谈话，说，上外语课，是不是得讲讲语法呀？

敏姬：你没讲语法，那你是怎么上课的呢？

麦克：我带他们唱歌、做游戏呀。我觉得这是最好的学习方法。我从来没想过要教他们语法，对这么小的孩子，没完没了地练习语法规则，多没意思呀。

文翰：我和你的经历差不多，我教过小孩子的法语启蒙课，课程的说明很清楚，是帮助孩子培养对法语的兴趣，了解法国文化。学生都只有七八岁，所以我让孩子们把教材、CD都

留在学校,可是好几位家长三番五次地要求发给他们教材,好帮孩子在家预习、复习。

麦克:没错,这样学当然基础比较好,但是好像很难保持兴趣。我的学生家长也要求我留书面作业呢,说不留作业,孩子回去就不学,看不到效果。

民秀:我比较理解中国家长的想法,我们也是很重视语法的。记住语法规则,有利于说出更多的句子。

汉娜:对成年人或许能提高效率,但对小孩子来讲,是一种负担。为什么要背课文?我宁可写一篇文章。

里卡多:这可能是传统造成的。中国人历来重视背诵,"熟读唐诗三百首,不会作诗也会吟""书读百遍,其义自现"。我的语伴今年大三,正在准备英语的六级考试,为了通过这个考试,好家伙!他每天都要背单词、背语法、背例句,甚至背整篇的课文,还要做一本一本的练习题。

路易:在法国学外语时,过了最初的语音阶段后,老师更重视让我们说出句子,表达自己的思想,不是那么看重语法和书写的精确度。

老师:有一句广告词说,"适合的才是最好的",教学方法也应该是这样吧。

第八课 美国学生眼里的中国教育

实用词语
Useful Words and Expressions

1. 或多或少	huòduō huòshǎo		more or less	多少，有一点儿
2. 将近	jiāngjìn	副	near upon	快要接近
3. 笔记	bǐjì	名	notes	记录课堂或会议的内容
4. 实力	shílì	名	strength, ability	实际能力
5. 同龄人	tónglíngrén	名	people of the same age	年龄相同或相近的人
6. 羡慕	xiànmù	动	admire, envy	看到别人比自己好，希望自己也能那样
7. 重点学校	zhòngdiǎn xuéxiào		famous school	名气大，教育质量高的学校
8. 没完没了	méiwán méiliǎo		endless	形容事情太多或太长，好像没有结束的时候
9. 启蒙	qǐméng	动	initiation	教某方面最基本的知识
10. 造成	zàochéng	动	lead to (negative result)	引起（负面影响或结果）

功能与表达
Function and Expressions

功能二：吃惊(1)

表达：

　　天哪！

　　……竟然……

　　好家伙！

　　疑问句+简直不敢相信……

例句：
1. 天哪！你把一锅饭都吃了。
2. 我给他打电话，他竟然不接。
3. 好家伙！这个刚出生的孩子快十斤了！
4. 你们是母女？简直不敢相信，看起来像姐妹。

语言点例解 Language Points

◆ 倒

说明：副词。"倒+动词/形容词结构"表示和一般人想的或正常的情况相反。多用于口语，读第四声。

例句：1. 小章在考试期间身体不太舒服，没想到成绩倒比平时好。
2. 真奇怪，天气好的时候不锻炼，下雨天他倒出去跑步。

近义表达：反而(多用于书面)，反倒(多用于口语)

◆ 好……

说明：用于后一小句，表示采取前面的行动是为了方便做后面的事。

例句：1. 我们打算去买点儿零食，好在野餐的时候吃。
2. 老师，能现在告诉我们考试的范围吗？我们好早点儿开始复习。

辨析："好"和"以便"

"以便"比"好"正式，多用于书面语。

◆ 没……没……

说明："没A没B"用在两个同义的名词、动词或形容词前，强调没有；用在两个反义的形容词前，多表示应该区别而没有进行区别。

例句：1. 去边远山区？没吃没喝的，怎么生活呢？
2. 你怎么能叫叔叔的名字，没大没小！

辨析："没……没……"和"要……没……"

第八课　美国学生眼里的中国教育

"要……没……",连接两个相同的名词,程度上更夸张,表示什么都没有。如:要钱没钱,要时间没时间,所以我不能去留学。

一、词语扩展:将下列词语扩展成短语
Expand the following words into phrases.

实力 ①　　　　　②　　　　　③
启蒙 ①　　　　　②　　　　　③
造成 ①　　　　　②　　　　　③
羡慕 ①　　　　　②　　　　　③

二、用指定词语完成句子或对话
Complete the following sentences/dialogues with the words or structures given.

1. 好吃的他不吃,_____。
（倒）

2. 该来的时候不来,_____。
（倒）

3. 我能借一下你的自行车吗?_____。
（好）

4. A:你怎么带了这么大一个包?
   B:_____。
（好）

5. _____,烦死了。
（没完没了）

6. A:你怎么不去篮球队训练了?
   B:_____谁受得了啊?
（没完没了）

三、语段表达：填写并复述下列短文

Discourse expression: Fill in the blanks and retell the paragraph.

我去过一所中国的_____，看到那里一个班的学生很多，_____六十人，_____是我们德国高中班的两倍。可是，奇怪的是，这么多人，却非常安静，都认真地听老师讲课，_____。我朋友告诉我，那是北京的_____，学生都很有_____，是同龄人_____的对象。一般来说，_____的重点学校可能会有这样的问题，班级多，每个班的人数也多。

四、讲述 Give an account of...

说一说你对"重点学校"的理解，并介绍一下你们国家的情况。

五、讨论（尽量使用本课词语功能表达）

Discuss. (Try to use the function and expressions of this lesson.)

"有教无类"是什么意思？你觉得现在的教育达到这个理想了吗？

六、话题交际 Make a dialogue on the topic below.

分组对话：说说你对中国教育的感受。

七、实战演练 Situational communication.

全班分成两组进行辩论。题目：应不应该分"重点学校"和"普通学校"。

第八课　美国学生眼里的中国教育

实例分析 Case Study

老师：对于这个问题，大家有什么看法？

中国学生：（一片沉默）

老师：王××，你来说说看。

王××：我认为……

老师：非常好，你的观点很有新意。李××，你怎么看呢？

李××：是这样的，……

老师：说得不错。以后大家有什么想法都请说出来一起讨论。

分析：从上面的片段能看出中国学生有什么样的特点？

分享：同样作为学生，你对他们有什么建议？

第九课
Lesson 9

千变万化的"炒"
Amazing "Stir-fry"

热身话题 Warm-up Questions
1. 中国比较有名的食品是什么?
2. 你喜欢吃炒制的食品吗?

功能：引起话题

你知道,……
你知道吗?
你说,……

中国菜的制作方法多种多样,你知道,最常用的恐怕就是"炒"了。你学的第一道中国菜,是不是"西红柿炒鸡蛋"? 你们学校食堂,有没有一个窗口专门卖"小炒"? 不过,你知道吗? 在中国,除了菜,还有很多东西可以炒。

随着生活水平的提高,老百姓手里有了闲钱,这使投资、理财成为人们的关注点。"你不理财,财不理你",炒股票、炒房子、炒黄金,凡是能用来投资的都可以"炒"。

你知道吗? 还有一种"炒",吸引的是人们的"眼球",或多或少带有贬义。故意夸张,增强自己或自己作品的知名度,叫作"炒作"。至于"炒"出来的新闻内容有多少可信度,就只有他们

第九课 千变万化的"炒"

自己知道了。

你说,"炒冷饭"总该能吃了吧?还是不能吃。"炒冷饭"是一而再,再而三地重复做一件事情。比方说,一个歌星出新专辑,里面一首新歌也没有,就会被人抱怨"炒冷饭"。所以,别管做什么,都动动脑筋制造点儿新鲜感吧!

你吃过"炒鱿鱼"吗?希望你没有,因为那是被老板开除的意思。熟了的鱿鱼会卷起来,好像人们卷起"铺盖"走人回家的样子。在工作时总"炒冷饭",就会有被"炒鱿鱼"的危险啦!反之,如果你不满意老板,就可以辞职,"炒老板的鱿鱼",这样比较痛快,如果你有更好的选择的话。

实用词语
Useful Words and Expressions

1.	小炒 xiǎochǎo	名	(in collective canteens) dishes cooked in small pots	食堂里用小锅炒的菜
2.	理财 lǐ cái		financing	管理财物,以达到增值的目的
3.	股票 gǔpiào	名	stock	代表股份持有权利的票证
4.	投资 tóu zī		invest	为达到一定目的而投入金钱
5.	眼球 yǎnqiú	名	eyeball	眼珠
6.	贬义 biǎnyì	名	derogatory sense	不赞成或坏的意思,相对于"褒义"
7.	知名 zhīmíng	形	well-known	有名的,著名的

8. 专辑 zhuānjí	名	album, special	专门收录某个人作品的集子,主要指音乐作品
9. 脑筋 nǎojīn	名	brain	头脑
10. 鱿鱼 yóuyú	名	squid	一种水生动物
11. 铺盖 pūgai	名	bedclothes	被子和褥子
12. 辞职 cí zhí		resign	主动提出放弃工作

功能与表达
Function and Expressions

功能一:引起话题
表达:

你知道,……

你知道吗?

你说,……

是这么回事,……

我想起一件事,……

例句:

1. 你知道,北京有很多博物馆免费开放。

2. 你知道吗?今年是60年大庆,国庆期间有很多活动。

3. 你说,汉语难学吗?

4. 是这么回事,运动不是时间越长越好。

5. 我想起一件事,他临走之前让我把这封信转交给你。

第九课　千变万化的"炒"

语言点例解 Language Points

◆ 凡是……都……

说明："凡是+名词结构+都+动词/形容词结构"表示某个范围内的一切都没有例外。

例句：1. 凡是文学院的学生都可以使用这个阅览室。

　　　2. 凡是来参加这个会议的人员都住在我们大学里。

◆ 至于

说明：介词。引进另一个相关的话题。用在小句句首。

例句：1. 我们班下周要举行一个聚会,至于哪一天,还没有决定。

　　　2. 我们公司会有一位同事具体负责这个计划,至于是哪一位,老板会在明天公布。

◆ 一而再,再而三

说明："一而再,再而三+动词性结构"表示很多次,含贬义。

例句：1. 他什么都好,就是太啰唆,一件事总是一而再,再而三地说,真让人受不了。

　　　2. 你们公司一而再,再而三地失信,我想我们很难再合作了。

一、词语扩展：将下列词语扩展成短语

Expand the following words into phrases.

知名　①　　　　②　　　　③

理财　①　　　　②　　　　③

投资　①　　　　②　　　　③

脑筋　①　　　　②　　　　③

二、用指定词语完成句子或对话

Complete the following sentences/dialogues with the words or structures given.

1. 我们班会有五位同学参加太极拳表演，_____。

   （至于）

2. 我想选择文科专业，_____。

   （至于）

3. _____可以报名参加这次运动会。

   （凡是……都……）

4. A：请问，研究生都可以用这个资料室吗？

   B：_____。

   （凡是……都……）

5. A：老师说过要小考吗？

   B：_____。

   （一而再，再而三）

6. A：_____说明了要求，你怎么还是弄错？

   B：抱歉，_____。

   （一而再，再而三）

三、根据课文内容完成对话

Make a dialogue according to the text, using the words given below.

参考词语：脑筋　理财　鱿鱼　至于　凡是……都……

A：原来在中国不只是吃的东西才可以"炒"。

B：没错……

A：

B：

A：

B：

……

第九课 千变万化的"炒"

四、讲述 Give an account of...

根据课文和你自己的理解,说说为什么房子和股票都可以"炒"。文中提到的可以"炒"的非食品中,你最感兴趣的是哪一个?为什么?

五、成段表达(尽量使用本课词语功能表达)

Discourse expression. (Try to use the function and expressions of this lesson.)

对比中国食品和你们国家食品的烹调方法。

跨文化对话 Cross-cultural Dialogues

功能:有把握

我敢说,……
包你……
不……才怪呢

老师:你们觉得中国最有代表性的食品是什么?如果你的朋友从外国来看你,你们会介绍他们吃什么菜?

伊莎贝拉:除了八大菜系的名菜,我觉得中国的素菜是一绝。我吃过一次素烤鸭,哇,太棒了!我敢说,吃的时候你完全看不出来是素的,也吃不出来是素的。无论是色、香还是味,都到了以假乱真的地步。

珍妮:说得我都流口水了。烤鸭是我最爱吃的,不必去老字号"全聚德",胡同里的一般小店的烤鸭一样色香味俱全,而且物美价廉。

伊莎贝拉:素鸡、素鸭这些用豆制品做的菜很有特色,既有肉类的鲜美口味,又有素食的健康。如果你不愿意每天吃青菜豆腐,又不想吃大鱼大肉那样的荤菜,就尝尝用豆制品做的素鸡什么的吧,包你叫绝!

文强:素鸡?素烤鸭?我觉得中国真是素食者的天堂。

老师：老百姓说，"白菜豆腐保平安"。豆腐是中国人餐桌上最常见的大众食品。豆腐又有许多别称，都是从它的形状、营养、口感来的，如"无骨肉""蛋白肉"等。还有一种叫法是"小宰羊"，你们知道是怎么来的吗？

秀丝：大概是因为豆腐虽无肉的价格却有肉的营养，或者是因为它像羊肉那么鲜嫩美味吧。

路易：我在汉字课上学过，中国人认为鱼和羊最鲜美，所以造字时把这两个字合起来造了"鲜"字，豆腐有那么好吃吗？

敏姬：韩国人也喜欢吃豆腐做的菜，除了有营养，我觉得是因为容易做，所以豆腐成为家常菜常用的材料。

麦克：家常菜也可能是名菜呢，最有名的川菜不就是麻婆豆腐吗？我和几个朋友都爱吃，是我们去川菜馆必点的保留菜。去年到四川旅行，我还特意去找最正宗最地道的麻婆豆腐来着，可以说百吃不厌。

民秀：啊，麻婆豆腐，又麻又辣，味道真的很棒，不喜欢才怪呢。尤其是麻麻的味道，我非常喜欢。我还奇怪来着，为什么中国人说的五味里面没有"麻"呢？酸甜苦辣咸，分别代表人生中各种各样的经历与感觉，麻也应该算一种啊。

麦克：大概因为只有川菜里才有"麻"吧，不太普及。不过我就是喜欢这种特殊的口感。尝过麻婆豆腐以后，我发现我现在最喜欢吃豆腐了！

老师：你最好不要随便这么说。"吃豆腐"吃的可不一定是豆腐。它还是一个俗语，指"占女孩儿的便宜"，有开玩笑的意思。

第九课　千变万化的"炒"

实用词语
Useful Words and Expressions

1. 素菜 sùcài　　　　　　名　　dishes with no meat　没有肉类的菜
2. 绝 jué　　　　　　　　形　　wonderful　最好的,独一无二的
3. 以假乱真 yǐjiǎ-luànzhēn　　　looks so real that can be a substitute of the original one　用极其相似的假的东西代替真的
4. 流口水 liú kǒushuǐ　　　　　dribble　非常渴望吃某种食物,有夸张的语气
5. 物美价廉 wùměi jiàlián　　　high quality, low price　价格不高,质量很好
6. 荤菜 hūncài　　　　　　名　　dishes with meat　以肉类为主要原料的菜
7. 素食者 sùshízhě　　　　名　　vegetarian　不吃肉类食物的人
8. 蛋白 dànbái　　　　　　名　　albumen　人体需要的重要营养物质
9. 宰 zǎi　　　　　　　　动　　kill　杀死
10. 鲜嫩 xiānnèn　　　　　形　　fresh and delicate　新鲜而且嫩
11. 正宗 zhèngzōng　　　　形　　cuniculous　地道的,真正的
12. 百吃不厌 bǎichī búyàn　　　so delicious that you will never get tired of it　形容非常好吃,吃多少次都不会满足
13. 麻 má　　　　　　　　形　　flavor of tingle　一种刺激性味道

功能与表达
Function and Expressions

功能二：有把握

表达：
　　　我敢说,……
　　　包你……
　　　不……才怪呢
　　　保准……
　　　肯定……

例句：
1. 我敢说，这个礼物他一定喜欢。
2. 我们餐厅的饭菜清淡可口，包你满意。
3. 昨天爬了一天长城，今天不累才怪呢。
4. 我说一个地方，保准你没去过。
5. 这么晚了，大家肯定都睡了。

语言点例解 Language Points

◆ **看不出来**

说明：是"看出来"的否定形式，表示不能看清或不能确定某人或某事物。

例句：1. 我也是黑头发、黑眼睛，很多中国人也看不出来我是外国人。
2. 这件毛衣修补过吗？一点儿也看不出来！

辨析："看不出来"和"没看出来"

"没看出来"强调没完成；"看不出来"强调不可能。

◆ **到了……的地步**

说明：表示达到的程度，有夸张的语气。

例句：1. 他的傲慢已经到了让人难以忍受的地步。
2. 我妈妈做的菜真的又好吃又好看，简直到了艺术品的地步！

◆ **不就是……吗**

说明：多用于口语。用反问的语气强调"就是"。

例句：1. 你不就是班长吗，当然是由你负责啦。
2. 春节，不就是中国人的农历新年吗？

第九课　千变万化的"炒"

一、词语扩展：将下列词语扩展成短语

Expand the following words into phrases.

场合　①　　　　　②　　　　　③
麻　　①　　　　　②　　　　　③
绝　　①　　　　　②　　　　　③
正宗　①　　　　　②　　　　　③
鲜嫩　①　　　　　②　　　　　③

二、用指定词语完成句子或对话

Complete the following sentences/dialogues with the words or structures given.

1. 这幅画儿画得太美了，_____。

（到了……的地步）

2. 我几天没来，没想到事情已经发展_____。

（到了……的地步）

3. 她真的已经是一个初中生的妈妈了吗？_____。

（看不出来）

4. A：小王今天不太舒服，我们劝他回去休息。

　　B：_____。

（看不出来）

5. A：今年的中秋节是十月几号？

　　B：_____。

（不就是……吗）

6. A：小明，你看见我的精读课本了吗？

　　B：_____。

（不就是……吗）

三、语段表达：填写并复述下列短文
Discourse expression: Fill in the blanks and retell the paragraph

中国人认为鱼和羊最_____，所以造字时把这两个字合起来造了_____字。韩国人也喜欢吃豆腐做的菜，除了有_____，可能是因为容易做。家常菜里有名的川菜_____，很多人都爱吃。去年到四川旅行，我们还特意去找最_____的麻婆豆腐来着，_____，味道真的很棒！不喜欢_____呢，可以说_____。尤其是麻麻的味道，我的朋友也非常喜欢。他还奇怪来着，为什么中国人说的五味里面没有"麻"呢？_____，分别代表人生中各种各样的_____，麻也应该算一种啊。

四、讲述 *Give an account of...*

弄清麻婆豆腐的来历，讲给朋友听，并给他形容一下"麻"的感觉。

五、讨论（尽量使用本课词语功能表达）
Discuss. (Try to use the function and expressions of this lesson.)

你认为食物好不好吃要看调味，还是食物的原味？为什么？

六、话题交际 *Make a dialogue on the topic below.*

分组对话：说说你们国家的名菜及名菜背后的故事。

七、实战演练 *Situational communication.*

老师准备两套相同的词语卡片，把学生分成两组。让学生根据"吃"的意义进行分类，看哪组最先分完，并准确解释"吃"的意义。

吃老本　吃食堂　大吃一惊　吃素　吃红牌
吃饭馆　吃喝玩乐　吃苦　吃皇粮　吃亏

第九课　千变万化的"炒"

实例分析
Case Study

汉语里和"吃"有关的表达十分丰富。考试得了零分叫"吃鸭蛋";看见自己的男朋友跟别的女孩子在一起,她会"吃醋";受欢迎就是"吃香"等等。

分析:猜一猜为什么是"吃鸭蛋""吃醋"?
分享:你们国家有哪些和饮食有关的词语用来比喻?

网络突然中断?!
What? No Internet Connection?

热身话题　Warm-up Questions

1. 对你来说,网络是必不可少的吗?为什么?
2. 你上网时常常做什么?

据报道,……
……介绍说,……
听说……

　　据报道,一天下午,网通公司的网络发生故障,上百万用户的宽带断网。有文章介绍说,虽然事故只持续了两个小时左右,但也打乱了很多人的生活。面对这次突然袭击,人们有何反应?让我们听听大家是怎么说的。

　　惊慌失措型:我在淘宝网上开了个小店,当时一笔生意眼看谈妥了,网页突然定格,猛点鼠标,狠拍主机,都毫无反应。半天的努力全泡汤了。

　　百无聊赖型:我每天进办公室或回家头一件事就是开机上网。浏览新闻、发邮件、联络业务,公事、私事全靠它。突然没了网络,我觉得脑子一片空白,都不知道该干什么了。

　　幸灾乐祸型:我倒无所谓,那时候我正在网吧打游戏呢,我看着旁边的网虫们坐立不安,像热锅上的蚂蚁似的,就想:至于吗,离了网,又不是鱼儿离开了水,一个个都把嘴张成"O"形,太

第十课　网络突然中断?!

夸张了吧!

喜出望外型：哈哈！太棒了！终于可以名正言顺地"罢工"了，每天上班，八小时对着电脑。我这个"网虫"可是被迫的。今天乐得轻松，断网万岁！

除了上面几种反应外，听说还有一些人并不知道网络中断。

是啊，网络跟网民们开了个"玩笑"，虚拟的网络对生活有着实实在在的影响，各人受的影响有大有小，反应也各不相同。习以为常的东西突然消失，可能只有这个时候，我们才会反思它的重要性与必要性，也才会知道它在自己心中的分量和地位。

实用词语
Useful Words and Expressions

1. 事故 shìgù　　　名　　　accident　意外的损失或灾难
2. 持续 chíxù　　　动　　　continue　一直不停地进行
3. 袭击 xíjī　　　　动　　　attack　攻击
4. 惊慌失措 jīnghuāng shīcuò　　be confound at　害怕慌张得不知道怎么办才好
5. 妥 tuǒ　　　　　形　　　ready　准备好，完成
6. 定格 dìnggé　　　动　　　freeze　活动的事物突然停止在某一状态
7. 鼠标 shǔbiāo　　名　　　mouse　电脑的一种输入设备
8. 百无聊赖 bǎiwú-liáolài　　bored　十分无聊
9. 浏览 liúlǎn　　　动　　　browse　快速阅读

10. 幸灾乐祸 xìngzāi-lèhuò　　　　crow over　为别人的不幸感到高兴

11. 名正言顺 míngzhèng-yánshùn　　reasonable and logical　名义正当,道理讲得通

12. 虚拟 xūnǐ　　　动　　virtual　（利用计算机）模拟真实的环境

13. 习以为常 xíyǐwéicháng　　　be accustomed to　已经习惯,不觉得奇怪

14. 反思 fǎnsī　　　动　　self-examinate　反省存在的错误或问题

功能与表达
Function and Expressions

功能一：转述

表达：

　　据报道,……

　　……介绍说,……

　　听说……

　　……告诉我,……

　　据……消息,……

例句：

1. 据报道,奥运会的开幕式很成功。

2. 书上介绍说,云南有十八怪。

3. 听说他回国后找到了一个很理想的工作。

4. 中国朋友告诉我,动物园批发市场的衣服又便宜又好看。

5. 据最新消息,周润发将出演这部电影。

语言点例解 Language Points

◆ 面对

说明:"面对+名词结构"表示当面对着或面前对着。

例句:1. 面对挑战,我们必须拿出勇气来。

2. 勇敢地面对现实才能找到解决问题的办法。

◆ 眼看

说明:表示很快、马上。多用于口语。

例句:1. 眼看飞机就要起飞了,我赶紧跑去登机。

2. 我眼看就二十岁了,不是小孩子了。

辨析:"眼看"和"快"

"快"在同样意思时只能用在主语后,而"眼看"可用在主语前或后。两者连用时,"眼看"在前,"快"在后,如:眼看快过年了。

◆ 至于(……)吗

说明:用反问表示不至于,应该不到那个程度。中间可以插入表示程度的结构。多用于口语。

例句:1. 丢了一百块钱就哭得这么厉害,至于吗?

2. 弟弟不过犯了一点儿小错,你至于这么生气吗?

练习 Exercises

一、词语扩展:将下列词语扩展成短语

Expand the following words into phrases.

事故 ①　　　　②　　　　③

浏览 ①　　　　②　　　　③

定格 ①　　　　②　　　　③

反思 ①　　　　②　　　　③

二、用指定词语完成句子或对话

Complete the following sentences/dialogues with the words or structures given.

1. _____,不能胆小逃避。
（面对）

2. _____,我总是觉得心有余而力不足。
（面对）

3. _____,你有什么出行计划吗？
（眼看）

4. A：这次棒球比赛,你准备好了吗？
   B：_____。
（眼看）

5. A：糟了,我的门卡不见了！真要命！
   B：_____。
（至于……吗）

6. A：我数学才考了80分,我该怎么办呀？
   B：_____。
（至于……吗）

三、根据课文内容完成对话

Make a dialogue according to the text, using the words given below.

| 参考词语：事故 | 断网 | 面对 | 眼看 | 持续 | 浏览 |
| 定格 | 至于……吗 | | | | |

A：昨天网络出什么问题了吗？

B：可不是吗,……

A：

B：

A：

B：

……

第十课　网络突然中断?!

四、讲述 Give an account of...

假设你在网上开了一家网店,明天你所在的小区网络维护升级,将断网六小时。说一说面对这个问题,你会怎么处理。

五、成段表达（尽量使用本课词语功能表达）

Discourse expression (Try to use the function and expressions of this lesson.)

网络带来的便利。

跨文化对话
Cross-cultural Dialogues

功能：反问

哪有……？
怎么能……？
不正是……吗？

老师：现在用网络交流十分方便,你们还用笔写信吗?

卡佳：随着网民越来越多,电子邮件也渐渐被普遍使用。无论双方的距离有多远,一点击就能在转眼间发信。我们靠它才解决了书信带来的麻烦：亲手写信、贴上邮票、查找邮编、送到邮局等等。电子邮件渐渐吃香,书信相形失色。

武男：可是在这个过程中,难道你不觉得失去了什么吗? 就算是

在网络时代,我也支持书信。电子邮件的系统太千篇一律,没有生动感。但是书信通过信纸、字体、装饰的设计可以体现写信者的心情、态度、风格等等,这是它独一无二的好处。想象用电子邮件写情书吧。

雄柴:对呀,说不定人家以为你在网上"复制""粘贴"来的呢,而且感觉冷冰冰的,哪有手写的浪漫?

民秀:现在社会上到处都是广告,电子邮件也不例外。每天收到几十封垃圾邮件,我们怎么能不感到书信的可贵?传达真心没有什么能比得上书信。这不但是我的结论,而且是书信无可替代的最重要的理由。

景子:书信的复兴会带动相关产业的发展。除了私人信件外,贺年卡片、圣诞卡、邀请卡等都渐渐被电子邮件取代了,因而,邮票、设计、造纸、印刷等产业都会受到影响。

秀丝:我也有同感。电子贺卡虽然新鲜有趣,但收到朋友亲手写的卡片感觉更亲切、更有诚意。

珍妮:但是电子邮件比书信便宜得多。用附件,想发多少张照片都不成问题,可是要是把这些照片都打印出来,通过邮局寄,就不知道要多少钱了。

路易:如果不算买电脑的钱,我同意你的话。

萨沙:随时随地收发邮件,传递消息,多方便呀!书信又慢又老土,早过时了。

敏姬:传统的东西很多都是经典的,怎么能说是过时呢?

萨沙:现在邮局也不好找了,还没有网吧多呢。

敏姬:我们讨论的不是邮局的问题,你跑题了。

萨沙:对不起,扯远了。我的意思是说,电子邮件一定会取代书信。

伊莎贝拉:现在不正是两者和平共处、相安无事的时代吗?我们现在少了哪个都不行。

第十课　网络突然中断？！

麦克：有些情况下，你必须用书信，比如在美国报税、申请大学、教授的推荐信必须邮寄，不能直接用电子邮件发送。

文强：可是在印尼不用，我们申请中国的大学，也都是用电子邮件就行了。

里卡多：你说电子邮件方便，是因为你用电脑已经很熟练了，可是有的人根本不会用电脑，他们怎么办呢？

丽琳：文盲、电脑盲不多了吧？

雷奥：那可不一定，拿有些落后地区来说吧，很多人都不能熟练地使用电脑，家里也没有电脑。

老师：据我所知，中国的农民工虽然有很多在城市里打工，但他们很多人没有条件用网络与亲友交流，他们更多的是使用电话。时尚的人们用电脑，怀旧的人们用书信，其实，即使有一种交流方式退出历史舞台，也是证明了时代的进步。

实用词语
Useful Words and Expressions

1. 邮编 yóubiān　　名　　postal code　邮政编码
2. 吃香 chīxiāng　　形　　popular　受欢迎
3. 相形失色 xiāngxíng shīsè　　not as good when compared with others　和别的比起来就不太好了
4. 千篇一律 qiānpiān-yílǜ　　all look the same　每一个看起来都一样
5. 装饰 zhuāngshì　　动　　decorate　加些东西使看起来更漂亮
6. 独一无二 dúyī-wú'èr　　in a class by oneself　没有相同的，没有可相比的
7. 粘贴 zhāntiē　　动　　paste　（在电脑的文档中）把复制或剪切的内容放到另外的位置
8. 无可替代 wúkě tìdài　　not substitutable　没有替代品，独一无二的
9. 跑题 pǎo tí　　fail to cope with the topic　远离主题

10. 推荐信 tuījiànxìn	名	recommendation (letter) 介绍某人的优点,建议录取或录用的信
11. 文盲 wénmáng	名	illiterate 不识字的人
12. 怀旧 huáijiù	动	remember past times or old acquaintances 怀念过去的人或事

功能与表达 Function and Expressions

功能二：反问

表达：

哪有……

怎么能……

不正是……吗

还……

……什么

例句：

1. 哪有这么讲价的？我要100块你给10块。
2. 怎么能不敲门就进屋呢？
3. 这不正是你想要的结果吗？
4. 大家都等你,你还不高兴？
5. 这个超市的东西便宜什么呀？

语言点例解 Language Points

◆ 靠

说明：介词。"靠+名词/动词结构+(才)+动词结构"表示依靠、凭借某种有利条件。多用于口语。

例句：1. 我全靠电子词典才学会了中文。

2. 靠别人的帮助成功,你的对手怎么能服气呢?

3. 他靠不断地努力才取得了今天的成就。

◆ 难道……(吗)

说明:表示反问,用来加强语气。

例句:1. 难道你不知道这个安排?

2. 你难道不怕爸爸知道了批评你吗?

◆ 就算……也……

说明:表示情况发生变化,结果也不会改变。多用于口语。

例句:1. 就算你们都不支持我,我也不会放弃的。

2. 就算这次试验失败了也没关系,我们可以从头再来。

近义表达:即使……也……

一、词语扩展:将下列词语扩展成短语

Expand the following words into phrases.

吃香 ①　　　　　② 　　　　　③

装饰 ①　　　　　② 　　　　　③

跑题 ①　　　　　② 　　　　　③

怀旧 ①　　　　　② 　　　　　③

二、用指定词语完成句子或对话

Complete the following sentences/dialogues with the words or structures given.

1. ＿＿＿＿＿＿＿＿＿＿＿＿＿＿＿＿＿,从来不开口请人帮忙。

(靠)

2. ＿＿＿＿＿＿＿＿＿＿＿＿＿＿＿＿＿,我觉得要按时完成没问题。

(靠)

3. _____,让小孩子独自过马路有多危险？
（难道）

4. 你为什么那么不客气地拒绝别人的邀请，_____
_____。
（难道……吗）

5. A：如果领导不同意你的计划，你还会坚持吗？
B：_____。
（就算……也……）

6. A：要是没有人和你一起去西藏，你怎么办？
B：_____。
（就算……也……）

三、语段表达：填写并复述下列短文

Discourse expression: Fill in the blanks and retell the paragraph.

随着网民越来越多，电子邮件也渐渐被_____使用。无论双方的距离有多远，一点击就能在_____。人们靠它解决了书信带来的_____：亲手写信，贴上邮票，查找邮编，送去邮局……电子邮件渐渐_____，书信_____。可是在这个过程中，_____大家不觉得失去了什么吗？_____是在网络时代，我也支持书信。电子邮件的系统太_____，没有生动感。但是书信通过信纸、字体、装饰的设计可以_____写信者的心情、态度、风格等等，这是它_____的好处。

四、讲述 Give an account of...

如果向你喜欢的人表白，你会选择哪一种方式？请说明原因。

a. 亲笔写信　　　b. 发电子邮件　　　c. 用手机发短信
d. 打电话　　　　e. 当面说

五、讨论（尽量使用本课词语功能表达）

Discuss. (Try to use the function and expressions of this lesson.)

网络给人们带来的不利影响有哪些？

六、话题交际 Make a dialogue on the topic below.

分组对话：放假时，你是否会关掉手机、不上网，完全享受假期？为什么？

七、实战演练 Situational communication.

做一个试验，一天不用手机和电脑，记下这对你目前生活的影响和你的感受，在班里做一个口头报告。

随着时代的进步，拜年的方式越来越丰富。走家串户、互寄贺卡都是比较传统的拜年方式。后来，随着电话的普及，很多人用电话拜年。现在手机短信和网络拜年受到越来越多人的喜爱。

但这些"e"时代的玩意儿合适吗？一位老太太说："现在的年轻人越来越不像话了，拜年这么重要的事情，竟然人不到，只是打个电话来问候两句。"与此相反，年轻人却对网络拜年津津乐道。他们在大年三十的时候上网给亲朋好友预定一张电子贺卡、一条手机短信,定在晚上12点发出,让对方能在新年来临的第一刻就收到自己的祝福。

分析:你支持哪种拜年方式?为什么?
分享:网络给我们的生活带来了怎样的变化?

"美丽"的谎言
White Lies

热身话题 Warm-up Questions

1. 你容易相信别人吗?
2. 你喜欢过"愚人节"吗?

课 文 Text

功能:估计(1)

想必……
恐怕……
大概……

网站:我们是免费的。
石油公司:我们是亏本的。
老板:我不会忘了你的贡献。
航空公司:航班准时到达。
商人:大亏本、跳楼大甩卖。
影视明星:我们只是朋友关系。
领导:下面,我简单地讲两句。
丈夫:我正在开会。
男友:你是最美丽的。
职员:我之所以每天迟到是因为塞车。

这是最近流行的"十大谎言"。看了以后,你是深有同感还是一笑了之?

当然,在现实生活中,不能否认有些谎言是善意的,但是带来的伤害呢?我们会不会感激由于各种原因欺骗我们的人?电影里常常有这样的故事:一个人患了重病,只剩下很少的时间,亲人和医生都瞒着他,说他没什么大问题。病人在谎言拆穿之后很生气,想必他觉得"我有权利知道真相"。

我们生活中最常面对的谎言恐怕就是某些商家的广告。在商店的玻璃门上,我们常常会看到斗大的"2折",然后右下脚有个豆大的"起"。当你被那个"2折"吸引进去后多半会发现里面的商品绝大多数是五折以上的。像这类文字游戏还不算太离谱,大家已经心知肚明,也就无所谓"谎言"了。

天下没有免费的午餐。一位作家说,当一件事好得不像真的,那它大概就不是真的。就像这"十大谎言",听起来都很美妙,其实满不是那么回事,甚至刚好相反。

实用词语
Useful Words and Expressions

1. 谎言 huǎngyán　名　　lie　假话,骗人的话
2. 亏本 kuī běn　　　　　at a loss　损失本钱
3. 甩卖 shuǎimài　动　　big sale　用极低的价格大量出售
4. 塞车 sāi chē　　　　　traffic jam　堵车
5. 深有同感 shēnyǒu tónggǎn　have fully the same feeling　非常有相同的感觉
6. 一笑了之 yíxiào liǎo zhī　do not take seriously　笑一笑就算了,不在意

7. 否认 fǒurèn　　　动　　　deny　不承认(某事是事实)
8. 患 huàn　　　　动　　　suffer (from a disease)　得(病)
9. 拆穿 chāichuān　　动　　　expose, unmask　谎言等被发现,真相暴露
10. 斗大 dǒu dà　　　　　　big-size　很大的(字)
11. 豆大 dòu dà　　　　　　as small as a bean　像豆子一样大小
12. 离谱 lípǔ　　　　　形　　outrageous　过分,不合实际
13. 心知肚明 xīnzhī dùmíng　　know something clearly　心里清楚地知道

功能与表达
Function and Expressions

功能一：估计(1)

表达：

想必……

恐怕……

大概……

或许……

说不定……

例句：

1. 正赶上年末,想必大家都很忙吧。
2. 到现在还没来,恐怕他来不了了。
3. 那个人大概二十来岁。
4. 快点儿开或许还来得及。
5. 你去问问小雪,说不定她了解那所大学的情况。

语言点例解 Language Points

◆ 之所以……是因为……

说明:"之所以+结果,是因为+原因"同时说明原因和结果。主语可在"之所以"前或后。

例句:1. 我们的项目之所以能顺利完成,是因为所有成员都努力工作。

2. 之所以老板不相信他的能力,是因为他没有一次能把工作做得漂漂亮亮。

◆ 想必……

说明:"想必+动词/形容词结构/小句"表示根据现有的情况判断,一定是……。

例句:1. 这么多菜全都被吃完了,想必味道十分好。

2. 昨天我就看见他们出去玩儿了,想必已经复习好了。

辨析:"想必"和"显然"

同样表示判断,"显然"强调情况很明显,从表面上就可以看得出来;而"想必"一般有推测的含义。

◆ 多半……

说明:"多半+动词/形容词结构/小句"用于推测时,表示有一大半的可能性。

例句:1. 老王不在办公室,多半已经回去了。

2. 这次数学考试多半很难。

一、词语扩展:将下列词语扩展成短语

Expand the following words into phrases.

否认　① 　　　② 　　　③

患　　① 　　　② 　　　③

拆穿　① 　　　② 　　　③

离谱　① 　　　② 　　　③

二、用指定词语完成句子或对话

Complete the following sentences/dialogues with the words or structures given

1. A：你们航空公司的飞机怎么又晚点了？

   B：_____。

   （之所以……是因为……）

2. A：你为什么这么喜欢玩儿网络游戏？

   B：_____。

   （之所以……是因为……）

3. 教室里一个人都没有，_____。

   （想必）

4. 这个任务难度很大，可他一点儿也不担心，_____

   _____。

   （想必）

5. 虽然不能确定，但是我想照以往的经验，_____

   _____。

   （多半）

6. A：你知道刚才是谁来通知我们活动改期的吗？

   B：_____。

   （多半）

三、根据课文内容完成对话

Make a dialogue according to the text, using the words given below.

参考词语：否认　心知肚明　多半　想必　恐怕　大概

A：这"十大谎言"真有意思。
B：有意思？这可全是谎言啊……
A：
B：
A：
B：
……

四、讲述 Give an account of...

对于"十大谎言"，你感受最深的是哪一个？说说你的相关经历。

五、成段表达（尽量使用本课词语功能表达）

Discourse expression. (Try to use the function and expressions of this lesson.)

你曾经说过"善意的谎言"吗？或者别人曾经善意地"欺骗"过你吗？说说当时的情况。

功能：开始叙述

古人云……
~语有一句俗语，……
常言道……

老师：你容易轻信别人吗？别人和你说的话，你的第一反应是相信还是怀疑？
麦克：其实我觉得，容不容易相信别人是整个社会的诚信问题。

第十一课 "美丽"的谎言

如果一个人经常担心受骗,他一定是有这方面的不愉快的经历,至少听说过很多类似的事。

民秀:也可能是性格原因吧,我就是这样,去一个人生地不熟的地方,总是担心被骗被"宰"。虽然后来常常证明我的担心是多余的,但总是忍不住想:"他为什么这么热情啊?他会不会骗我啊?"

文强:我好像算是一个容易相信别人的人。不管是家人还是朋友,都会无条件地相信他们的话,甚至对陌生人也很少怀疑,所以我上过当。

路易:说到应不应该相信人,我有点儿矛盾。我觉得生活中会遇到不诚实的人,可是我也不想做个怀疑主义者。

卡佳:古人云,人之初,性本善。这个世界上还是好人多,怀着善意待人,比做个怀疑主义者好。信任很容易失去,但却很难重建,所以一定要小心维护。那个著名的"狼来了"的故事说明的就是这个道理。

汉娜:要区别对待吧。不能怀疑一切,但也不能人家说什么就信什么。几年没见的朋友变胖变丑了,你要不要说:"你一点儿也没变,还是那么年轻漂亮?"或者反过来,几年没见的朋友这样对你说,你要不要相信?

珍妮:英语有一句俗语:"我不是昨天才出生的。"和汉语的"你当我是三岁小孩儿"差不多,都是说,你别骗人了,我不信!所以三岁以后,我们就不应该轻信别人了。

文翰:英语里如果说一个人是骗子,那和说这个人是失败者差不多,是很严重的,不能随便这样说别人。

伊莎贝拉:不一定要当面说出来"我不相信你",可是我们不能否认,这个社会鱼龙混杂,我们要学会保护自己。妈妈从小就叫我们要小心陌生人。

里卡多:人与人之间缺乏信任的话,相互帮助、相互关心就都谈不到了,那我们的生活该多灰暗啊。

武男:我还是觉得轻信不可取,比如虚假广告,能相信吗?

里卡多:那老师的话你也怀疑吗?

武男:老师呀,那当然另当别论了!

老师:没关系,你也可以怀疑,常言道,"尽信书则不如无书",就是说要有自己的想法。欢迎你们提出不同的意见一起讨论,这样学习效果更好。

实用词语
Useful Words and Expressions

1. 诚信 chéngxìn   名   honesty, credit   诚实,信用
2. 宰 zǎi   动   deceive the costomers to earn more money   故意向顾客要高价
3. 无条件 wú tiáojiàn   with no condition   没有任何条件
4. 矛盾 máodùn   名   contradiction   同时存在完全相反的两方面
5. 轻信 qīngxìn   动   credulous   轻易相信
6. 鱼龙混杂 yúlóng-hùnzá   with all kinds of people   坏的和好的混在一起
7. 可取 kěqǔ   形   approvable, preferable   可以接受,值得学习
8. 另当别论 lìng dāng biélùn   different, can be taken as an exception   可以另外对待

第十一课 "美丽"的谎言

功能与表达 Function and Expressions

功能二：开始叙述

表达：

古人云……
汉语有一句俗语，……
常言道……
我发现这样一种现象，……
说起来大家可能不信，……

例句：

1. 古人云："近朱者赤，近墨者黑。"
2. 汉语有一句俗语，"萝卜白菜，各有所爱"，说的是每个人的爱好各不相同。
3. 常言道，"有得必有失"，所以对于得失不必太在意。
4. 我发现这样一种现象，越是简单越容易成为经典。
5. 说起来大家可能不信，那位明星成名前身无分文，生活十分艰难。

语言点例解 Language Points

◆ **至少……**

说明："至少+动词结构(+数量)"或"至少+数量"表示最低程度。

例句：1. 一般来说，大学生至少应该有17岁了。
　　　2. 平均分至少95分，才能考上这所中学。

◆ **怀着**

说明：动词。表示心里存有某种感情、心情、理想、志向等。

例句：1. 怀着歉意，我下决心将来一定要补偿他们因我而受到的损失。
2. 整个国庆庆典，我们都是怀着激动的心情观看的。

◆ 反过来

说明："反过来+动词结构"表示改变成相反的情况。

例句：1. 在中国的传统家庭里，父母照顾孩子，孩子长大以后反过来照顾父母。
2. 是你帮了我，我该谢你，你怎么反过来谢我呀？

一、词语扩展：将下列词语扩展成短语

Expand the following words into phrases.

诚信 ① ② ③
可取 ① ② ③
轻信 ① ② ③
矛盾 ① ② ③

二、用指定词语完成句子或对话

Complete the following sentences/dialogues with the words or structures given.

1. _____，毕业生离开了生活四年的大学校园。
（怀着）

2. _____，我独自来到了留学的目的地。
（怀着）

3. 比赛开始时我们一直是领先的，_____。
（反过来）

4. 中国人习惯请客，这次我请你，下次_____。
（反过来）

5. A：来中国留学后,你去过多少地方了?
   B：_____。
   （至少）

6. A：参加这次运动会的大概有多少人?
   B：_____。
   （至少）

三、语段表达：填写并复述下列短文

Discourse expression: Fill in the blanks and retell the paragraph.

容不容易相信别人是社会的_____问题。如果一个人经常担心受骗,他一定是有这方面的_____经历,至少听说过很多_____的事。古人云,_____。这个世界上还是好人多,_____,比做个怀疑主义者好。信任很容易失去,但却_____,所以一定要小心维护。那个著名的"狼来了"的故事说明的就是这个道理。当然,也要_____。不能怀疑一切,但也不能_____。

四、讲述 Give an account of...

对话中谈到"狼来了"的故事,请把你知道的故事内容和其中的道理讲给大家听。

五、讨论（尽量使用本课词语功能表达）

Discuss. (Try to use the function and expressions of this lesson.)

从字形分析"信"的字义,试着解释"言必信,行必果"的含义,并说说你是否赞同这种观点。

六、话题交际 Make a dialogue on the topic below.

分组对话：介绍自己国家有关信任与怀疑的俗语或观念。

七、实战演练 Situational communication.

两人一组,设计对话。情景:两个恋人约会,男生迟到了半个多小时,向女生解释原因,让女生相信他。女生根据他的话作出相应的反应。

实例分析 Case Study

(芳芳是大二的学生,这两天由于气温变化大,她发烧了。恰巧这时妈妈从外地老家打来电话。)

妈妈:孩子,最近怎么样啊?功课累吗?

芳芳:还行,不太累。

妈妈:你怎么了?不舒服吗?怎么有气无力的?

芳芳:没事儿,我挺好的。

妈妈:多吃点儿好吃的,多注意身体。

芳芳:知道了,您放心吧。

分析:芳芳为什么没有告诉妈妈自己生病了?
对策:如果你是芳芳,你也会这样做吗?

第十二课 Lesson 12

绿色生态墙
The Green Wall

热身话题 Warm-up Questions

1. 在你周围,存在哪些环境问题?
2. 举例说明应该如何解决环境问题。

课文 Text

功能:说明情况

一来……,二来……,三来……
有些……,有些……,还有些……
一方面……,另一方面……

　　湖北省武汉市首个绿色生态墙位于武汉市高尔夫球会,墙面上栽种了20多种植物,形成了一道独特的风景,成为城市的亮点。该墙面不仅有景观效果,最重要的是生态效应明显。

　　现代城市正面临着导致城市环境和生态恶化的"水泥化"问题。一来,"水泥化"的地面、道路和墙面对粉尘的吸附力差,使城市更容易产生大气污染。二来,"水泥化"的表

面还会反射噪音,加重城市的噪音污染。三来,城市"水泥化"还加重了城市的"热岛效应",直接影响居民的生活舒适度和身体健康。

近年来,越来越多的建筑师开始将"绿色植物墙"的概念应用到建筑设计中,试图将城市中冷冰冰的水泥建筑打造成生机勃勃的"垂直花园"。利用垂直空间打造植物墙可以帮助减少室内噪音,调节温度,使建筑物内冬暖夏凉,还可以解决潮湿问题,减少风吹雨打对墙壁的侵蚀,从而起到保护墙壁的作用。众所周知,有些植物可吸收有害气体,有些植物能杀灭细菌,还有些植物能吸附大气中的灰尘,从而使环境得以净化。

总之,打造绿色生态墙一方面可改变空中景观,体现现代城市风采;另一方面,又有利于保护生态、调节气候、净化空气、降低噪声和城市热岛效应,对节水节能、保护建筑物等也大有好处,可以说是一举多得。

实用词语
Useful Words and Expressions

1. 生态 shēngtài　名　nature　自然的生物生存状态
2. 导致 dǎozhì　动　lead to　使产生(负面的)结果
3. 恶化 èhuà　动　deteriorate　情况变得更坏
4. 粉尘 fěnchén　名　dust　粉末状的废物
5. 吸附 xīfù　动　absorb　使其他物体附着在自己的表面上
6. 污染 wūrǎn　名　pollution　混入有害的东西
7. 反射 fǎnshè　动　reflect　把光、声等通过一定的中介物再次发射出去
8. 噪音 zàoyīn　名　noise　吵而混乱的声音
9. 打造 dǎzào　动　make　制造

10. 生机勃勃 shēngjī bóbó　　vital force　非常有活力
11. 垂直 chuízhí　　动　perpendicular, vertical　与平面或另一条线成直角
12. 侵蚀 qīnshí　　动　erode　逐渐侵害使变坏
13. 细菌 xìjūn　　名　virus　微生物的一种,极其微小,肉眼看不见
14. 一举多得 yìjǔ-duōdé　　achieve many things at one stroke　做一件事可以获得多种好处

功能与表达
Function and Expressions

功能一：说明情况

表达：

  一来……,二来……

  有些……,有些……,还有些……

  一方面……,另一方面……

  首先……,其次……,再次……,最后……

  一是……,二是……

例句：

1. 云南每年都吸引着成千上万的游客,一来那儿的风景美丽,二来当地充满民族风情。

2. 趁着十一放假,有些留学生回了一趟国,有些留学生去外地旅行了,还有些留学生在宿舍好好儿休息了几天。

3. 去国外学习,一方面可以提高外语水平,另一方面可以感受当地的历史文化。

4. 如何减轻孩子的课业负担?首先家长要放松心态,不和别人攀比;其次校方应将教学重点转移到素质教育;再次,要多部门合作改革考试制度;最后,平均分配教育资源也很重要。

5. 假期的出游计划取消了,一是时间太紧,二是机票太难买。

语言点例解 Language Points

◆ 面临着

说明:"面临着+动词/名词结构"表示遇到或正处于某种状态中。

例句:1. 我们银行目前面临着来自同行的激烈竞争。
2. 我国的经济面临着高速发展带来的一些常见问题。

辨析:"面临"和"面对"

"面对"的意义中包含"积极应对"的意思;而"面临"则完全是客观地指出问题,没有"应对"的含义。

◆ 一来,……,二来,……,三来,……

说明:说明几个方面或原因时使用的连接结构。

例句:1. 我最喜欢吃南方菜,一来是我的家乡菜,二来清淡,三来我妈妈的拿手菜多半是南方菜。
2. 今年的黄金周我不想出远门了。一来到处都是人,二来天气不算好,三来刚刚放过暑假,我懒得动。

◆ 试图

说明:"试图+动词结构"表示采取某行动是为了达到后面的某种目的。

例句:1. 我们进行这次改革,就是试图改进工作效率。
2. 政府采取了多种措施,试图改善人民的就业情况。

辨析:"试图"和"图"

"图"多用于口语,后面可接名词、形容词、动词结构或小句,表示目的;"试图"比较正式,后面一般是动词结构。

一、词语扩展：将下列词语扩展成短语
Expand the following words into phrases.

导致　①　　　　　　②　　　　　　③
恶化　①　　　　　　②　　　　　　③
污染　①　　　　　　②　　　　　　③
反射　①　　　　　　②　　　　　　③

二、用指定词语完成句子或对话
Complete the following sentences/dialogues with the words or structures given.

1. 我们的球队形势并不乐观，_____。

（面临着）

2. 我不知道该怎么解决才好，_____。

（面临着）

3. 学校作出了持续的努力，_____。

（试图）

4. A：图书馆为什么会有借书期限的规定？
   B：_____。

（试图）

5. A：今天这条路怎么堵车堵得这么厉害？
   B：_____。

（一来，……，二来，……，三来，……）

6. A：你知道为什么这学期的选修课科目增加了吗？
   B：_____。

（一来，……，二来，……，三来，……）

三、根据课文内容完成对话

Make a dialogue according to the text, using the words given below.

参考词语：一来……，二来……，三来……　　试图　　污染　　导致　　环境　　净化　　生机勃勃　　一举多得

A：在中国也有绿色生态墙吗？
B：怎么没有，……
A：
B：
A：
B：
……

四、讲述 Give an account of...

你们国家采取了哪些环保措施？

五、成段表达（尽量使用本课词语功能表达）

Discourse expression. (Try to use the function and expressions of this lesson.)

你有什么有利于环保的好建议？

跨文化对话
Cross-cultural Dialogues

功能：必须

非得……不可
不能不……
无论如何都要……

老师：目前环境问题是人们最关注的话题之一，你认为环境问题能够在近期内得到解决吗？为了改善环境，我们应该怎么做？

第十二课　绿色生态墙

敏姬：说实话,目前环境问题根本没什么好办法可以解决。就拿越来越少的森林来说,人人都知道应该少砍树,多种树,保护森林。可多数国家和地区的人口越来越多,他们需要地方住,这样人们就得砍树,所以森林还是越来越少,环保没有什么成效。我觉得为了改善环境,非得控制人们不再乱来、破坏环境不可。

萨沙：没错。中国人说,"民以食为天",人们不能不吃饭,所以食物越来越贵。现在经济发展越来越快,环境问题就会更加严重。比如北京,虽然成了一个现代化的大城市,有很多高楼大厦、宽马路什么的,可是香山早就连一片红叶都没有了。

珍妮：连一片红叶都没有?那不至于吧?我去过香山,还是有红叶的。不过,我们去香山玩儿的经历也不算愉快,我和朋友是开车去的,那天因为是周末,人特别多。光是为了把车停进停车场,就等了四十分钟。而且空气没有想象中那么好。

丽琳：我听说,在发达国家,有很多针对环境保护的发明。比如日本最大的汽车工厂发明了双动力车。人们本来认为

有了这种用电池作动力的车,汽车污染问题可以慢慢解决了,可是事情并不是那么简单。原来生产这种电池造成的污染反而比一般用汽油的车严重得多,做这个电池等于开一整年的普通车。

景子：我个人认为，为了我们的环境，我们无论如何都要从身边的小事做起。比如，为了替代需要木料的一次性筷子，人们应该随身携带自己的筷子。另外，大规模使用再生纸做的本子可以减少山林采伐。就像敏姬同学说的，树木生长非常缓慢，一旦采伐，再生需要很长时间。应该说只要我们一点一滴地逐步养成良好的习惯，一定会对环境保护有所帮助。

老师：的确，俗话说，"大处着眼，小处着手"。虽然环境问题不是一朝一夕能够解决的，但很多人已经有了正确的环保意识，如果每个人都有"从我做起"的自觉性，前景还是乐观的。

实用词语
Useful Words and Expressions

1. 改善 gǎishàn　　动　　improve　通过改变使进步
2. 砍 kǎn　　动　　chop　用刀等工具用力把东西断开
3. 高楼大厦 gāolóu dàshà　　high buildings and large mansions　高大的房屋
4. 针对 zhēnduì　　动　　aim at　对准
5. 电池 diànchí　　名　　battery　给电子产品提供电力的物品
6. 携带 xiédài　　动　　take with　带在身边
7. 采伐 cǎifá　　动　　cut (trees)　在森林中砍树，收集木材
8. 一点一滴 yìdiǎn yìdī　　little by little　量或规模不大，很少
9. 一朝一夕 yìzhāo-yìxī　　overnight　形容很短的时间，常用在否定意义的句子中

第十二课　绿色生态墙

功能与表达 Function and Expressions

功能二：必须

表达：
非得……不可
不能不……
无论如何都要……
一定得……
不管 A 不 A，……

例句：
1. 在哪儿盖房子，非得征求大家的意见不可。
2. 留学这么重要的事不能不和父母商量。
3. 手术后无论如何都要好好休息。
4. 这是我的一点儿心意，你一定得收下。
5. 不管天气好不好，秋游都如期进行。

语言点例解 Language Points

◆ 拿……来说

说明："拿+例子+来说"举例说明某事。前面不能有主语。

例句：1. 我们班同学都喜欢看球赛，就拿我来说吧，昨天一直看到半夜。

2. 女孩子都爱打扮，拿我妹妹来说，每天照镜子的时间至少有一个小时。

◆ 以……为……

说明：表示"把……当作……"的意思。"为"读第二声。

例句：1. 饭馆儿"食为天"名字的灵感来自俗语"民以食为天"。

2. 把头发染成五颜六色的样子不是每个人都喜欢,很多老年人觉得这是以丑为美。

◆ 比……得多

说明:"A 比 B+形容词+得多"表示 A 和 B 相比,A 的程度深得多。用比字句说明 A 和 B 不同时,不能说"A 比 B 不一样",要具体说明如何不同。如用数字说明差异:我姐姐比我大五岁。

例句:1. 我哥哥的个子比我高得多。
2. 动车组列车比普通列车的速度快得多。

一、词语扩展:将下列词语扩展成短语
Expand the following words into phrases.

砍　①　　　　②　　　　③
改善　①　　　　②　　　　③
针对　①　　　　②　　　　③
携带　①　　　　②　　　　③

二、用指定词语完成句子或对话
Complete the following sentences/dialogues with the words or structures given.

1. 很多家长都送孩子上补习班,＿＿＿＿＿＿＿＿＿＿＿＿＿＿＿＿＿。
（拿……来说）

2. 我觉得热带的水果味道都非常香甜,＿＿＿＿＿＿＿＿＿＿＿＿。
（拿……来说）

3. 大部分的练习＿＿＿＿＿＿＿＿＿＿＿＿＿＿＿＿＿＿＿＿＿＿＿。
（以……为……）

4. A: 你们国家的主食主要有什么?
   B: ＿＿＿＿＿＿＿＿＿＿＿＿＿＿＿＿＿＿＿＿＿＿＿＿＿＿＿。
（以……为……）

第十二课　绿色生态墙

5. A：这两部电影哪一部比较有意思？
　　B：_____。
　　　　　　　　　　　　　　　　　　　　　（比……得多）

6. A：这两家航空公司的票价一样吗？
　　B：_____。
　　　　　　　　　　　　　　　　　　　　　（比……得多）

三、语段表达：填写并复述下列短文

Discourse expression: Fill in the blanks and retell the paragraph.

　　我听说，在_____国家，有很多_____的发明。比如日本最大的汽车工厂发明了_____。人们本来认为有了这种用电池作动力的车，_____可以慢慢解决了，可是事情_____。原来生产这种电池造成的污染反而比一般用汽油的车_____，做这个电池等于开一整年的普通车。不过，为了我们的环境，我们无论如何都要_____做起。比如，为了替代需要木料的一次性筷子，人们应该随身_____自己的筷子。另外大规模使用再生纸做的本子可以减少_____。_____逐步养成良好的习惯，一定对环境保护有帮助。

四、讲述 Give an account of...

我们生存的环境面临着怎样的问题？

五、讨论（尽量使用本课词语功能表达）

Discuss. (Try to use the function and expressions of this lesson.)

保护环境可以从身边的小事做起。你认为哪些事是我们能够做到的？

六、话题交际 Make a dialogue on the topic below.

分组对话：介绍你知道的环保组织和他们保护环境的措施、行动。

七、实战演练 Situational communication.

假设你是政府负责环境保护的官员,找到你居住的城市最严重的环境问题,并制定出改进计划。

实例分析 Case Study

珞巴族是分布在中国西藏的一个古老的少数民族,目前,有些地区还采用"刀耕火种"的方式。这种耕种方法是把地上的草木烧成灰做肥料,就地挖坑下种。砍伐的树木被烧后,留在地上的草木灰就成为天然的肥料,可以大大提高土壤肥力,促进农作物生长。 一般来说,每年11月至来年2月为刀砍季节,每年的3月至5月为旱季,也是点火季节。砍倒的树木和杂草,经过几个月的暴晒,一点火就燃烧起来,一块地往往要烧三五天。

分析:刀耕火种的方式对于环境保护是利大还是弊大?
分享:人们常说,"环境保护,从我做起"。你为环境保护做了什么?

嫁人当嫁灰太狼
Ideal Husband

热身话题　Warm-up Questions
1. 你想过你的另一半是什么样的吗？
2. 你眼中理想的男性或女性是什么样的？

功能：吃惊（2）

什么？……？
哎呀，……
这太出人意料了

　　什么？你不知道灰太狼是谁？哎呀，你太老土啦！赶快补补课吧！最近一部国产动画片《喜羊羊与灰太狼》火遍大江南北，迷倒的可不只是小朋友。主角灰太狼和一群羊斗智斗勇，上演中国版的 Tom and Jerry，意外地引发了新择偶标准——"嫁人当嫁灰太狼"的流行。这太出人意料了！那么，一只狼是如何得到女士们的欢心的呢？原来，在家里，它是一只温柔体贴的狼，一点儿也不可怕。虽然有点儿丑，对太太红太狼，那可没的说，称得上是模范丈夫。让我们看看灰太狼的可爱之处：

　　爱老婆胜过爱自己。灰太狼每次抓到羊完全可以自己先吃掉，可他一次都没有，总是辛苦地把小羊们先送到老婆大人面前。男人永远把老婆放在第一位，这可是嫁他的先决条件啊。

　　聪明能干有毅力。抓羊的点子都是他想出来的，羊也都是他亲自动手抓回来的。每次失败了,灰太狼都会大喊一句:我一定会回来的!瞧,多有毅力。

任劳任怨又顾家。灰太狼抓羊回来给太太吃,还负责做出美味:涮羊肉、烤羊排、羊肉串他都拿手。而且坚信"老婆永远是对的"。这么顾家的老公,打着灯笼也难找呀!

总而言之,这灰太狼简直是标准丈夫的人选,难怪有这么多女粉丝。现实生活中,"经济适用男"成为理想老公的标准。所谓经济:指月薪3000～10000元。所谓适用:指不吸烟、不喝酒、不关机、不赌钱、无红颜知己;疼老婆,每月工资按时交给老婆。现代社会,这种貌不惊人,说不上是白马王子,却给人安全感的男人更受欢迎。

实用词语
Useful Words and Expressions

1. 斗智斗勇	dòuzhì dòuyǒng		compete in wisdom and courage　用智慧、勇气争胜
2. 择偶	zé'ǒu	动	choose a spouse　选择结婚对象
3. 欢心	huānxīn	名	favor　喜爱
4. 体贴	tǐtiē	形	considerate　考虑别人的心情并给予照顾
5. 先决条件	xiānjué tiáojiàn		precondition　必须先解决的条件
6. 任劳任怨	rènláo-rènyuàn		hard-working and allow complaint　不怕辛苦,不怕别人埋怨

第十三课　嫁人当嫁灰太狼

7. 涮 shuàn　　　　　动　　rinse　把肉、菜等放开水里烫一下就吃
8. 难怪 nánguài　　　副　　no wonder　怪不得
9. 经济适用 jīngjì shìyòng　　economic and applicable　经济上合算,适合使用
10. 赌 dǔ　　　　　动　　gamble　拿财物做赌注比输赢
11. 红颜知己 hóngyán zhījǐ　　female friend　男性的了解自己的女性朋友
12. 貌不惊人 mào bù jīngrén　　common-looking　外貌普通
13. 安全感 ānquángǎn　　名　　sense of safty　没有危险的感觉

功能与表达　Function and Expressions

功能一：吃惊(2)

表达：

什么？……？

哎呀，……

这太出人意料了

不得了啦！

例句：

1. 什么？你没听过"北京欢迎你"这首歌？
2. 哎呀,我的钥匙不见了。
3. 他们俩分手了？这太出人意料了。
4. 不得了啦！着火了！

Language Points

◆ 遍

说明:"动词+遍+范围"表示在某一范围内全部……。这里的动词主要是单音节的。

例句:1. 我吃遍了这个城市大大小小的饭馆儿。
　　　2.《走遍美国》是一部英语教材。

◆ 没的说

说明:表示没有缺点,没什么可批评的,非常好。多用于口语。

例句:1. 我这个老朋友真是没的说。
　　　2. 这个计划设计得没的说,一定能成功!

◆ 总而言之

说明:用来总结,表示总括起来说。

例句:1. 总而言之,我不能同意你的看法。
　　　2. 总而言之,我一定要出国留学。

练习 Exercises

一、词语扩展:将下列词语扩展成短语

Expand the following words into phrases.

择偶 ①　　　　②　　　　③
难怪 ①　　　　②　　　　③
欢心 ①　　　　②　　　　③
体贴 ①　　　　②　　　　③

第十三课　嫁人当嫁灰太狼

二、用指定词语完成句子或对话

Complete the following sentences/dialogues with the words or structures given.

1. _____，怎么没看到你说的那个细节？
　　　　　　　　　　　　　　　　　　　　　　（遍）
2. _____，也没找到卖那种衣服的商店。
　　　　　　　　　　　　　　　　　　　　　　（遍）
3. 朋友推荐的这个牌子的化妆品_____。
　　　　　　　　　　　　　　　　　　　　　　（没的说）
4. A：你们部门的新经理对你们好吗？
　　B：_____。
　　　　　　　　　　　　　　　　　　　　　　（没的说）
5. A：你觉得这几本书怎么样？
　　B：_____。
　　　　　　　　　　　　　　　　　　　　　　（总而言之）
6. A：你能总结一下这篇小说的主要内容吗？
　　B：_____。
　　　　　　　　　　　　　　　　　　　　　　（总而言之）

三、根据课文内容完成对话

Make a dialogue according to the text, using the words given below.

参考词语： 嫁人　　体贴　　难怪　　欢心　　总而言之　　遍

A：最近女孩子认为什么样的男人是理想丈夫？
B：据说最新的热门人选是"灰太狼"，……
A：
B：
A：
B：
……

四、讲述 Give an account of...

灰太狼是谁？从一个男性或女性的角度，说说他给你的印象。你愿意有一个灰太狼那样的朋友或丈夫吗？为什么？他身上哪些特点是你喜欢的，哪些是你不欣赏的？

五、成段表达（尽量使用本课词语功能表达）

Discourse expression. (Try to use the function and expressions of this lesson.)

灰太狼是不是传统的中国丈夫形象？对比一下，并说说你的结论。

功能：插话

请先听我说，……
对不起，打断一下。
冒昧地问一句，……

老师：看了上面的文章，你们已经知道现在中国白领女性的择偶标准，其实也就是"理想男性"的标准。下面，大家来谈谈什么是你心中理想的女性吧。

文强：理想女性首先要能做一手好菜。俗话说，要俘虏他的心，就要先俘虏他的胃。

民秀：你说的是贤妻良母。

文强：请先听我说，一个主妇曾经说过："我喜欢亲自动手做菜给家里人，看着他们吃，

第十三课　嫁人当嫁灰太狼

如果他们说好吃,我心里就会快乐无比,像吃了蜜一样甜。"

敏姬:在我看来,现代社会,妻子除了能做好吃的菜,也要有能力。我希望将来有一子一女,凑一个"好"字,除了给他们准备饭菜,还要帮助丈夫准备养育费。

麦克:我在未来十年内都没有结婚的打算。所以我看女性和她会不会是好妻子无关。我认为理想女性应该是又美丽又有魅力。我同意很多美国人说的,芭比娃娃是我心中理想女性的代表,黄金比例、天使脸孔、迷人的微笑,而且无限时尚。当然也包括她的气质,芭比娃娃代表自信、独立、优雅、高贵、美丽、坚强、阳光等等,人见人爱。

路易:没错,外在美是吸引人的首要条件,所以女孩子都爱打扮。现在美容、整容、健身都这么流行,就说明了人们的喜好。

汉娜:奥黛丽·赫本是我的偶像,她被权威杂志评为"历史上最美的女人"。有一位设计师赞扬她说:"她很清楚地知道自己要什么,她了解自己的容貌与身材、优点与缺点。"他的话说到了点子上,一个女人要想让别人欣赏自己,首先自己要欣赏自己,应该自信、有见解,并且懂得扬长避短。

武男:我也看过"喜羊羊"的贺岁电影,没想到灰太狼这么受欢迎。不过他的太太红太狼太凶了,这在日本是不可想象的。如果我是灰太狼,我就要找一个温柔体贴、善解人意的太太。

卡佳:对不起,打断一下。老师,刚才的文章里说,女人会选择"经济适用男",那"经济适用男"对应的是什么样的女性呢?是"经济适用女"吗?

老师:很少有人说"经济适用女",有人说"经济适用男"的理想对象是"简单方便女",标准也都很务实。不过这种说法没那么流行。

里卡多:老师,如果没有统一的标准,可不可以说"萝卜青菜,各有所爱"?

老师:可以呀,这是个很生动的形容。谁是理想的另一半,可能"适合"是唯一的标准,但说到理想的异性,标准就因人而易了,就像灰太狼喜欢红太狼,没人知道为什么。

雄柴:这个我知道,情人眼里出西施,红太狼就是灰太狼的理想女性。冒昧地问一句,老师心目中的"理想男性"是什么样的呢?

老师:(开玩笑地)当然是灰太狼啦!

实用词语
Useful Words and Expressions

1. 俘虏 fúlǔ 动 captive 抓住,抓获
2. 贤妻良母 xiánqī-liángmǔ virtuous wife and good mother 贤惠的妻子和好母亲
3. 黄金比例 huángjīn bǐlì perfect proportion 最美观的比例
4. 气质 qìzhì 名 habitude 一个人的言行举止给别人的感觉
5. 外在 wàizài 名 exterior, outer 事物本身以外的,相对于"内在"
6. 首要 shǒuyào 形 chief 第一位的,最重要的
7. 整容 zhěng róng face-lifting 通过手术使人变得更漂亮
8. 权威 quánwēi 形 authoritative 具有使人信服的力量
9. 扬长避短 yángcháng-bìduǎn avoid one's disadvantages and develop one's advantages 发扬长处,避免短处

第十三课　嫁人当嫁灰太狼

| 10. 善解人意 shànjiě rényì | | considerate | 善于理解体会别人的意图，很体贴 |
| 11. 务实 wùshí | 形 | pragmatic | 重视实际 |

功能与表达 Function and Expressions

功能二：插话

表达：
　　请先听我说，……
　　对不起，打断一下
　　冒昧地问一句，……
　　等等，……
　　顺便插一句，……

例句：
1. 请先听我说，我先把昨天发生的事说一下大家再发表意见。
2. 对不起，打断一下。你说的又便宜又好吃的餐厅在哪儿？
3. 冒昧地问一句，您多大岁数了？
4. 等等，刚才的话我没听清。
5. 顺便插一句，明天的会议地点改在第三会议室。

语言点例解 Language Points

◆ ……无比

说明："双音节形容词+无比"或"无比+双音节形容词"表示没有别的能够相比。"十分……"的意思。

例句：1. 这几天海边的天气晴朗无比。
　　　2. 马上可以回家见到家人了，我的心情快乐无比。

◆ 在我看来……

说明：用于提出自己的看法。

例句：1. 在我看来，打网球没什么难的。

　　　2. 在我看来，巴西获得2016年奥运会的主办权是一件好事。

◆ 说到了点子上

说明：表示说的话说到了关键的地方，是最重要的地方。多用于口语。

例句：1. 你这话真的说到了点子上。

　　　2. 老师给我作文的评语说到了点子上。

一、词语扩展：将下列词语扩展成短语

Expand the following words into phrases.

首要 ①　　　　②　　　　③
外在 ①　　　　②　　　　③
权威 ①　　　　②　　　　③
气质 ①　　　　②　　　　③

二、用指定词语完成句子或对话

Complete the following sentences/dialogues with the words or structures given.

1. _____,游客们大多玩儿得很尽兴。

（无比）

2. _____,每个人都十分满意。

（无比）

3. _____非常合理。

（在我看来）

第十三课　嫁人当嫁灰太狼

4. A：能说说你的看法吗？
   B：＿＿＿＿＿＿＿＿＿＿＿＿＿＿＿＿＿＿＿＿＿＿＿＿。
   （在我看来）

5. A：你觉得我的讲话怎么样？
   B：＿＿＿＿＿＿＿＿＿＿＿＿＿＿＿＿＿＿＿＿＿＿＿＿。
   （说到了点子上）

6. A：我的看法是……，不知道说得对不对。
   B：＿＿＿＿＿＿＿＿＿＿＿＿＿＿＿＿＿＿＿＿＿＿＿＿。
   （说到了点子上）

三、语段表达：填写并复述下列短文

Discourse expression: Fill in the blanks and retell the paragraph.

我在未来十年内都没有结婚的打算，所以我看女性和她会不会是好妻子＿＿＿＿＿＿。我认为理想女性应该是美丽＿＿＿＿＿＿。我同意很多美国人说的，芭比娃娃是我心中理想女性的代表，＿＿＿＿＿＿、＿＿＿＿＿＿、迷人的微笑，而且无限时尚。当然也包括她的＿＿＿＿＿＿，芭比娃娃代表自信、独立、优雅、高贵、美丽、坚强、阳光等等，＿＿＿＿＿＿。没错，＿＿＿＿＿＿是吸引人的＿＿＿＿＿＿条件，所以女孩子都爱打扮。现在美容、整容、健身都这么＿＿＿＿＿＿，就说明了人们的喜好。

四、讲述 Give an account of...

你们国家现在最有名的男女明星分别是什么样的人？是不是你心目中的理想异性形象，为什么？

五、讨论（尽量使用本课词语功能表达）

Discuss. (Try to use the function and expressions of this lesson.)

红太狼和灰太狼的夫妻关系可以用一句汉语俗语来形容，"一个愿打，一个愿挨"。猜猜是什么意思？这种夫妻关系有代表性吗？

六、话题交际 Make a dialogue on the topic below.

分组对话:对比不同文化的理想异性的相同和不同之处。

七、实战演练 Situational communication.

学生分为男生组和女生组。男生组说说自己知道的所有形容女性的词,再找出形容你们各自心目中理想女性的词,按重要性排序。女生组说说自己知道的所有形容男性的词,再找出形容你们各自心目中理想男性的词,按重要性排序。

实例分析 Case Study

"你儿子属啥的?在哪儿上班呢?月收入是多少?是独生子吗?"

"你女儿在哪儿上班呢?脾气怎么样?多高啊?"

……

这是北京有名的"相亲角"上的谈话。每周四、周日下午,会有二三百位老人聚集在中山公园,他们不是来这里散心,而是来替自己的儿女"相亲"的。

儿女的简历是老人们得以沟通的重要工具,简历上大多写着本人的基本条件和对对方的要求,有的还附有精美的照片。

分析:为什么会出现家长替孩子相亲的情况?你怎样看待这种现象?

对策:请为那些正在寻觅爱情的"剩男剩女"们出出主意。

不一样的外来词
All Kinds of Loanwords

热身话题　Warm-up Questions

1. 说一说你知道的汉语中的外来词。
2. 在你们国家的语言中有从汉语来的外来词吗？请举例说明。

功能：比较（2）

好像……一样
如同……
比不上……

　　今年春节我去了台湾，发现不少词和内地的不一样，尤其是外来词的说法，举几个例子：

　　大陆的地铁，台湾叫"捷运"，很快捷地把你送到目的地！开始我很奇怪为什么不叫地铁或"地下铁"，后来当列车开到地面上的时候，我才恍然大悟。内地的地铁绝大部分真的只在地下，在地上的北京叫城铁。而"捷运"两种

第十四课　不一样的外来词

都包括!

内地把internet翻译成互联网,好像是"把大家互相联系在一起的网"一样,也常常说"网络",让人想到一张大大的网,可以包含很多东西。台湾人叫"网路",如同四通八达的道路,很有趣吧。

一位台湾的朋友给我一个网址,说是他的"部落格",请我"多多指教"。上去一看,原来就是他的博客,blog!"部落格"和blog,发音好像更像,"部落"是一群人的集体,格,是写汉字用的,你一定也用过吧! 方方的小小的,多形象啊! 但是比不上博客的客,可以派生很多同类的词,像黑客、闪客什么的。

台湾人说一个人非常高兴,会说他好像中了乐透一样!"乐透"就是彩票,如果你买的彩票(lottery)中了奖,你当然"乐透"了!

实用词语
Useful Words and Expressions

1. 恍然大悟 huǎngrán dàwù		suddenly be enlightened, take a tumble　突然明白了本来不清楚的事情	
2. 四通八达 sìtōng-bādá		reach far and near　形容道路交通发达,可以通往四面八方	
3. 指教 zhǐjiào	动	instruct　指导、教导	
4. 派生 pàishēng	动	derive　从一个主要事物分化出来	
5. 黑客 hēikè	名	hacker　通过网络入侵他人的信息造成对方损失的人	
6. 闪客 shǎnkè	名	people who play well with the software flash　玩flash软件的人	

功能与表达
Function and Expressions

功能一：比较(2)
表达：

  好像……一样

  如同……

  比不上……

  ……与……相似

  ……相当于……

例句：

1. 我在他那儿很随便,好像在自己家一样。
2. 我们班同学的感情很深,如同兄弟姐妹一样。
3. 这个房间比不上昨天住的房间舒服。
4. 这个孩子的长相与妈妈相似。
5. 一美元相当于六元多人民币。

语言点例解
Language Points

◆ 如同

说明：动词。"如同+动词/名词结构"表示"好像……一样"。多用于书面。

例句：1. 如同做梦一样,我不敢相信自己的眼睛。
   2. 九寨沟是国家5A级风景区,美得如同仙境一样。

◆ 方方的

说明：单音节形容词重叠后加"的",成为"AA的"格式,表示具有该形

第十四课　不一样的外来词

容词的特点,常带有可爱的意味。可做定语、谓语。多用于口语。

例句:1. 礼物装在一个方方的小盒子里,十分漂亮。

2. 那个娃娃眼睛大大的,脸圆圆的,非常可爱。

◆ 透

说明:"动词/形容词+透"表示程度极深,常带"了"。多用于口语。

例句:1. 今天天气又好,玩儿得又尽兴,真是舒服透了。

2. 理论必须要学透,在实践中运用时才能最大限度地发挥作用。

一、词语扩展:将下列词语扩展成短语

Expand the following words into phrases.

指教　　①　　　　　　②　　　　　　③
派生　　①　　　　　　②　　　　　　③
黑客　　①　　　　　　②　　　　　　③
四通八达①　　　　　　②　　　　　　③

二、用指定词语完成句子或对话

Complete the following sentences/dialogues with the words or structures given.

1. _____,我很满意。

(如同)

2. _____,让人意想不到。

(如同)

3. 让现在的小孩子学繁体字,_____。

(透)

4. A:古文难学吗?

　B:怎么不难,_____。

(透)

5. A：你们都说他妹妹漂亮，她到底长什么样呀？

   B：_____。

   （AA 的）

6. A：月饼是什么形状的？

   B：_____。

   （AA 的）

三、根据课文内容完成对话

Make a dialogue according to the text, using the words given below.

参考词语：翻译   音译   意译   比方说   派生

A：台湾的外来词有很多和内地的不一样。

B：是啊，我也注意到了……

A：

B：

A：

B：

……

四、讲述 Give an account of...

说说内地的地铁和台湾的"捷运"有什么异同。

五、成段表达（尽量使用本课词语功能表达）

Discourse expression. (Try to use the function and expressions of this lesson.)

对于"地铁"和"捷运"、"网络"和"网路"、"博客"和"部落格"的翻译，你认为哪种更好？为什么？

第十四课　不一样的外来词

跨文化对话
Cross-cultural Dialogues

功能：举例（2）

这里有一个例子，……
像……
拿……来说吧，……

老师：现在各国的经济文化交流越来越普遍，人们互相学习、互相影响，语言上也彼此借用了很多词。生活中，你们有哪些发现呢？

秀丝：有一次我去一家蛋糕店，看见一种饼干，叫"芝士曲奇"，不知道是什么，字典上也查不到。我问服务员，她说是翻译英语的"cheese cookie"来的。芝士还好，听起来有点儿像"cheese"，可是曲奇，"cookie"，我怎么念也不觉得像。

萨沙：那是因为曲奇是广东话，你用广东话念的话，就很容易知道是什么了。这里有一个相反的例子，有些汉语词是从广东等南方地区传入西方的，发音接近南方方言，可是如果是从北方传出去的，就会接近北方方言。比如茶在英语里发"tea"，在俄语中发音却和汉语普通话非常像。

丽琳：我听说外来词最经典的翻译是"可口可乐"。既说明它好喝，喝了让人高兴，发音也特别像，能猜个八九不离十。

伊莎贝拉：我喜欢"欧尚"超市的名字，"来自欧洲的时尚"，看上去特别有吸引力。再说，发音也非常接近，一听就知道是法语的"Auchan"。

雷奥：没错，这个名字翻译得高明，和"家乐福"有异曲同工之妙。家乐福、家乐福，家人快乐幸福，让人看起来听起来都很舒服。

里卡多：我觉得最好的译名是"鼠标"，不但直接翻译了英语的"mouse"，还加了表明作用的"标"字，意思又有趣又清楚。

这一类的好像很多,像"酒吧",也是音译bar,再在前面加一个表示类别的"酒",而且还发展了不少新词,比如网吧、书吧、咖啡吧等等。

珍妮:很多车名的翻译也很妙。拿BMW的译名来说吧,"宝马"让人印象非常深刻。古代人要走远路得骑马,把马当作最重要的交通工具,现在最好的车就等于以前的"宝马",多有意思呀。对了,北京的出租车好像大部分都是韩国"现代",这个名字是怎么翻译的?韩语就是这么发音吗?

民秀:对,发音、意思都差不多。韩语里保留了很多汉语的词语,像"教室""学生",韩国人学起来特别容易。不过也有的汉字词因为发音、意义的改变反而让理解变得很困难。

珍妮:能举个例子吗?

敏姬:太多了。像韩语的"化妆室",是洗手间的意思。

老师:其实,直接"拿来"的词也屡见不鲜,比如OK、OUT、HIGH、PK等等,五花八门,什么词性的都有。在正式出版物里也会常常见到,时尚杂志、报纸或网络上就更普遍了。

大家:我们最喜欢这类词,意思非常明白。

第十四课　不一样的外来词

实用词语
Useful Words and Expressions

1. 经典 jīngdiǎn　　形　　classic　传统的、具有权威性的
2. 时尚 shíshàng　　名　　fashion　当时流行的东西
3. 高明 gāomíng　　形　　wise　好得超过一般水平的
4. 异曲同工 yìqǔ-tónggōng　　different style, same virtue　做法不同，却有共同的妙处、优点
5. 网吧 wǎngbā　　名　　internet bar　专门提供上网服务的店
6. 屡见不鲜 lǚjiàn-bùxiān　　common occurrence　很常见，不新奇
7. 五花八门 wǔhuā-bāmén　　many types (of)　各种各样

功能与表达
Function and Expressions

功能二：举例(2)

表达：

这里有一个例子，……
像……
拿……来说吧，……
比如像……
比如说……

例句：

1. 现在中学生的压力很大，这里有一个例子，北京的中学生平均每天学习14个小时。
2. 经常锻炼确实对身体好，像我爸，每天坚持晨练，身体可棒了。
3. 每到假期都有很多人出门旅行，拿今年的十一黄金周来说，北京共接待国内游客432万人次。

4. 北京的小吃很丰富,比如像豌豆黄、艾窝窝、豆汁儿,都很有特色。
5. 久坐办公室的白领会患和工作环境有关的疾病,比如说空调病。

语言点例解
Language Points

◆ 怎么……也不……

说明:"怎么+动词/形容词结构₁+也不+动词/形容词结构₂"表示无论条件怎么变化,结果都不会改变。

例句:1. 这个孩子真是有个性,别人怎么说他也不听。
　　　2. 这所房子无论怎么好我也不买,实在太贵了。

◆ 对了

说明:用在句首,表示突然想起了什么,要对对方说。

例句:1. 对了,你没忘了下周五我们约好见面的吧?
　　　2. 对了,差点儿忘了把上次借的书还给你。

◆ 什么……都有

说明:"什么+类别+都有"夸张地说明有很多该类别的东西,非常齐全。多用于口语。

例句:1. 小商品批发市场的商品种类非常丰富,什么好看的、好玩儿的都有。
　　　2. 我们大学图书馆书的种类最齐全了,什么学科的都有。

第十四课　不一样的外来词

一、词语扩展：将下列词语扩展成短语
Expand the following words into phrases.

经典　　　①　　　　　②　　　　　③
时尚　　　①　　　　　②　　　　　③
屡见不鲜　①　　　　　②　　　　　③
五花八门　①　　　　　②　　　　　③

二、用指定词语完成句子或对话
Complete the following sentences/dialogues with the words or structures given.

1. _____,还是算了吧。
（怎么……也不……）

2. _____,真没办法。
（怎么……也不……）

3. A：你要没什么别的事我就先走了。
　 B：_____。
（对了）

4. A：你还有什么要说的吗？
　 B：_____,你不说我真差点儿忘了。
（对了）

5. A：听说现在中国小学生的课外活动比以前丰富多了。
　 B：没错。_____。
（什么……都有）

6. A：最近故宫展览的展品种类多吗？
　 B：没错。_____。
（什么……都有）

三、语段表达：填写并复述下列短文
Discourse expression: Fill in the blanks and retell the paragraph.

北京的出租车好像大部分都是韩国＿＿＿＿＿，这个名字在韩语里就是这么＿＿＿＿＿的，意思也差不多。韩语里＿＿＿＿＿＿＿＿＿了很多汉语的词语，像"教室""学生"，韩国人学起来特别＿＿＿＿＿。不过有的汉字词因为发音、意义的＿＿＿＿＿反而让理解变得很＿＿＿＿＿。这样的例子也不少。像韩语的＿＿＿＿＿，是洗手间的意思。

四、讲述 *Give an account of...*

举例说明汉语中外来语的情况。对你来说，汉语里哪种外来词容易掌握？

五、讨论（尽量使用本课词语功能表达）
Discuss. (Try to use the function and expressions of this lesson.)

国际交流的增多影响语言的相互借用，我们应当如何处理各种外来语？

六、话题交际 *Make a dialogue on the topic below.*

分组对话：介绍你们国家外来语的情况。

七、语言游戏 *Language games.*

学生按国别分组，说出自己国家的音译外来词，按本国的发音读给大家听，其他同学猜是原来语言中的什么词。

第十四课　不一样的外来词

实例分析 Case Study

　　汉语里的外来词主要有音译、意译和音译兼意译等几种。音译是用发音相近的汉字将外来语翻译过来,如酷(cool)、迪斯科(disco)等。意译指根据原文的大意来翻译,如传真(fax)、超市(supermarket)。音译兼意译的例子也不少,如芭蕾舞(ballet)、桑拿浴(sauna)等。有的词既有音译也有意译,如维他命和维生素,麦克风和话筒等。

　　分析:汉语里哪种形式的外来词有利于汉语的发展？为什么？
　　分享:你们国家语言里哪些词直接使用英语?(如OK)

休闲时光
Leisure Time

热身话题 Warm-up Questions
1. 你的爱好是什么?
2. 周末、节假日你常常做什么休闲活动?

中国人业余时间都做些什么呢?让我们看看各年龄段的人们是如何度过的:

中小学生被称为中国最忙的群体,周一到周五几乎整天待在学校里,周末和假期也背着书包往返于各种补习班之间,好像没什么休闲时间。

2008年9月美国一家消费者信息咨询公司的"中国流行文化和娱乐调查"显示,18~34岁的消费者中,上网、看电视和购物是他们最喜欢的三项休闲活动。排在后面的是看电影和听音乐。

而对于上有老下有小的中年人来说,悠闲似乎是可望而不可及的梦想。忙事业的同时,他们还要围着家庭转,好不容易闲下来的时候,好像只想睡觉、休息。

相比之下,中国的老人,主要是城市里的退休老人,是比较

第十五课　休闲时光

重视休闲生活的。他们常常在公园里聚会,唱京剧、做操、打太极拳等等。老年大学更像是俱乐部,老人们在那里学书画、计算机、英语……"活到老学到老",他们看起来是最轻松快乐的学生。此外,帮助子女照顾第三代的老人也不少,不过他们都是一副乐在其中的样子。

实用词语
Useful Words and Expressions

1. 业余 yèyú　　　　　　形　　　amateur　工作以外的
2. 群体 qúntǐ　　　　　　名　　　colony　有共同特点的一群人
3. 往返 wǎngfǎn　　　　 动　　　out and home　来回
4. 消费者 xiāofèizhě　　　名　　　consumer　购买商品或接受服务的人
5. 咨询 zīxún　　　　　　动　　　consult　征求意见,问问题
6. 娱乐 yúlè　　　　　　 名　　　entertainment　快乐有趣的活动
7. 可望而不可及 kě wàng ér bù kě jí　　within sight but beyond reach, unreachable　只能看到而不能得到
8. 乐在其中 lè zài qízhōng　　enjoy what one is doing　从所做的事中得到快乐,享受某事

功能与表达 Function and Expressions

功能一：估计(2)

表达：

　　好像……
　　似乎……
　　看起来……
　　看样子……
　　我猜想……

例句：

1. 今天好像要下雪。
2. 北京的房价似乎还会涨。
3. 看起来你已经完全恢复了。
4. 看样子他们的关系很好。
5. 我猜想金融危机对很多企业影响不小。

语言点例解 Language Points

◆ 围着……(转)

说明："围着+人/物+动词结构"表示以某人或某物为中心进行活动。

例句：1. 月亮围着地球转,地球围着太阳转。
　　　2. 家里所有人都围着病人转。
　　　3. 学生们围着老师问这问那。

◆ 好不容易

说明："好不容易(才)+动词结构"是"很不容易"的意思。表示某事虽然完成了,但是遇到很多困难。多用于口语。

例句：1. 小刚好不容易才想出一个办法，姐姐却说不行。
　　　2. 今天塞车太厉害了，我好不容易才回到家。
近义表达：好容易

◆ 相比之下

说明：引出比较的结果。多用于书面。
例句：1. 相比之下，我更喜欢中式服装。
　　　2. 相比之下，北京的气候比较温暖。

一、词语扩展：将下列词语扩展成短语

Expand the following words into phrases.

业余　①　　　　　②　　　　　③
娱乐　①　　　　　②　　　　　③
往返　①　　　　　②　　　　　③
咨询　①　　　　　②　　　　　③

二、用指定词语完成句子或对话

Complete the following sentences/dialogues with the words or structures given.

1. _____，我终于可以松一口气了。
（好不容易）

2. _____，累死我了。
（好不容易）

3. 家庭主妇的生活就是每天_____。
（围着……转）

4. 小毛的爷爷奶奶爸爸妈妈都_____。
（围着……转）

5. A：你喜欢去海边还是山里度假？

　　B：_____。

　　　　　　　　　　　　　　　　　　　　　　（相比之下）

6. A：哪本参考书更受欢迎？

　　B：_____。

　　　　　　　　　　　　　　　　　　　　　　（相比之下）

三、根据课文内容完成对话

Make a dialogue according to the text, using the words given below.

参考词语：围着……转　相比之下　业余　娱乐　群体　乐在其中

A：中国人都是怎么度过他们的休闲时光的？

B：据我所知，……

A：

B：

A：

B：

……

四、讲述 Give an account of...

你们国家不同年龄段的人们的休闲生活。

五、成段表达（尽量使用本课词语功能表达）

Discourse expression. (Try to use the function and expressions of this lesson.)

中国人中最有时间和精力享受休闲的群体是：

a. 孩子　　　b. 青少年　　　c. 中年人　　　d. 老年人

为什么他们最悠闲？说说他们的休闲活动。

第十五课　休闲时光

跨文化对话
Cross-cultural Dialogues

功能：进一步说明（2）

再说……
何况……
况且……

老师：我们大部分同学都只有上午有课，除了学习汉语，你们都有什么休闲活动？

文强：我喜欢做饭，每次吃到好吃的菜或点心，总想弄清楚是怎么做的，然后自己尝试去做，和家人、朋友分享。来北京以后，我也保持了这个习惯。我常常去三里屯的一个市场，因为那里有我常用，但在普通中国超市买不到的材料，主要是调料。有机会请大家尝尝我的手艺。

景子：我最喜欢旅游，来中国以后我去了很多地方，没有长假时也会在北京城里和周边走走，参观名胜古迹和各种博物馆。

麦克：我也喜欢旅游，可没有那么多钱。平时，我就像大多数大学生一样，过着除了课业就是网络的生活。上网视频聊天；玩儿网游，就是网络游戏。虽然有时也觉得浪费时间，可是有天南海北的网友陪着很开心，再说因为不知道对方是谁，反而可以说说心里话，发泄一下情绪。社交网站"开心网"的

用户有三千多万,可能就是因为大家都觉得无聊吧。

路易:网络也是我的爱好之一,每天不上网就像少了点儿什么。没事的时候常玩儿网络游戏,我最喜欢和人组队打游戏,很刺激很好玩儿。可是要让我成天呆在电脑前我可受不了,我最喜欢的还是运动,何况"生命在于运动"嘛。

敏姬:我最喜欢看电影、电视剧,可以了解中国人的生活习惯,还可以练习听力,一举两得。而且中国的影视DVD很便宜,我买了很多,上次回国的时候,海关的人还以为我是卖DVD的呢。

卡佳:有空的时候我最爱逛街。不是那些千篇一律的大商场,而是有特色的地方。比如北京胡同里一些特色小店,往往很有中国味,况且像中国结、玉制的小挂件什么的,是回国时送给朋友的最佳选择,我的朋友们都爱不释手。

汉娜:我现在有一个新的休闲去处,就是书店。在中国逛书店时我发现很多中国人把书店当作图书馆的阅览室,一到节假日,书店里更是挤得水泄不通。不少人看累了干脆坐在地上,身边一大堆书,很有意思。现在我也喜欢去书店看书了。可惜中国书店设咖啡座的不多。

老师:听起来真是丰富多彩。下课以后大家商量一下我们班的汉语实践课内容,可以参考你们刚才提到的休闲活动。

实用词语
Useful Words and Expressions

1. 分享 fēnxiǎng	动	share	与别人一起享受
2. 调料 tiáoliào	名	seasoning	做菜时用来改善味道的佐料
3. 手艺 shǒuyì	名	craft	制作手工艺品、修理东西或做饭炒菜等的技术
4. 周边 zhōubiān	名	border, margin	周围,附近的地区

5. 视频 shìpín		名	video	录制的影像
6. 发泄 fāxiè		动	abreact	尽量发出（不满情绪）
7. 情绪 qíngxù		名	emotion	心情状态，情感
8. 刺激 cìjī		动	stimulate	生理或心理上受到冲击
9. 胡同 hútòng		名	bystreet	窄小的街道
10. 挂件 guàjiàn		名	trinket	挂在某东西上的装饰品
11. 爱不释手 àibúshìshǒu			too love to put down	非常喜欢，不舍得放下
12. 水泄不通 shuǐxièbùtōng			watertight, packed	连水也流不进去，形容非常拥挤

功能与表达
Function and Expressions

功能二：进一步说明(2)

表达：

再说……

何况……

况且……

例句：

1. 我们不是很熟，再说，他也没邀请我，我怎么好意思去呢？
2. 颐和园平时人就不少，更何况节假日？
3. 宿舍条件很好，况且同学们都住宿舍，你没必要在外租房住。

语言点例解 Language Points

◆ **在于**

说明："在于+名词结构/小句"表示由……决定,用于指出问题关键。主语多为肯定否定并列形式。

例句:1. 比赛能否胜利在于大家的配合。

2. 能不能学好外语在于自己的努力。

◆ **往往**

说明:副词。"往往+动词结构"表示某种情况经常出现。

例句:1. 中国人在受到表扬时往往要表示谦虚。

2. 雨后很快出太阳往往会出现彩虹。

辨析:"往往"和"常常"

"往往"表示情况有规律性,不用于主观意愿,不能用于将来的情况。"常常"表示动作重复,不一定有规律性,可用于主观意愿,也可用于普遍的将来的情况。

◆ **干脆**

说明:副词。"干脆+动词结构/小句"表示不过多考虑,直接、果断地下决定。

例句:1. 别想什么时候了,干脆咱们现在就去吧。

2. 找了半天也没找到,干脆别找了。

一、词语扩展:将下列词语扩展成短语

Expand the following words into phrases.

发泄 ①　　　　　　②　　　　　　③

周边 ①　　　　　　②　　　　　　③

第十五课　休闲时光

分享　①　　　　　　②　　　　　　③
刺激　①　　　　　　②　　　　　　③

二、用指定词语完成句子或对话
Complete the following sentences/dialogues with the words or structures given.

1. 健康＿＿＿＿＿＿＿＿＿＿＿＿＿＿＿＿＿＿＿＿＿＿＿＿＿＿＿＿。
（在于）

2. 生命＿＿＿＿＿＿＿＿＿＿＿＿＿＿＿＿＿＿＿＿＿＿＿＿＿＿＿＿。
（在于）

3. 下雨的时候＿＿＿＿＿＿＿＿＿＿＿＿＿＿＿＿＿＿＿＿＿＿＿＿。
（往往）

4. A：大学生一般什么时候运动？
　 B：＿＿＿＿＿＿＿＿＿＿＿＿＿＿＿＿＿＿＿＿＿＿＿＿＿＿＿＿。
（往往）

5. A：你决定了吗？到底什么时候去留学？
　 B：＿＿＿＿＿＿＿＿＿＿＿＿＿＿＿＿＿＿＿＿＿＿＿＿＿＿＿＿。
（干脆）

6. A：这么多好地方,究竟去哪里度假好呢？
　 B：＿＿＿＿＿＿＿＿＿＿＿＿＿＿＿＿＿＿＿＿＿＿＿＿＿＿＿＿。
（干脆）

三、语段表达：填写并复述下列短文
Discourse expression: Fill in the blanks and retell the paragraph.

　　有空的时候我最爱逛街,不是那些＿＿＿＿＿＿＿＿的大商场,而是有特色的地方。比如北京＿＿＿＿＿＿＿＿里一些特色小店,＿＿＿＿＿＿＿＿很有中国味,店里的中国结、玉制的小挂件什么的,是回国时送给朋友的最佳＿＿＿＿＿＿＿＿,我的朋友们都＿＿＿＿＿＿＿＿。我的德国朋友现在有一个新的休闲方法,就是逛书店。在中国逛书店时她发现很多中国人把书店当作＿＿＿＿＿＿＿＿＿＿＿＿,一到节假日,书店里更是挤得＿＿＿＿＿＿＿＿＿＿。不少人看累了干脆坐在地上,身边一大堆书,很有意思。现在她也喜欢去书店看书了。

四、讲述 Give an account of...

举例说明休闲活动的作用、目的。

五、讨论(尽量使用本课词语功能表达)

Discuss. (Try to use the function and expressions of this lesson.)

你在中国留学期间的休闲活动和在国内时一样吗?有什么不同?

六、话题交际 Make a dialogue on the topic below.

分组对话:介绍你最喜欢的休闲活动及喜爱的原因。

七、实战演练 Situational communication.

设计简单的问卷,采访中国同龄人,看看他们的休闲生活是什么样的。

实例分析 Case Study

在中国，很多老人愿意自己结成团体，一起做喜欢做的事情。这样的团体，有唱京剧的，有跳舞的，有练太极拳的，有下棋的，还有养鸟的。中国的老人喜欢很多人在一起活动，因为这样他们不会觉得寂寞。如果在中国旅游，你经常可以在公园里看到一起唱京剧的老人，无论水平好坏他们都很认真地唱，观众就是周围的游客。喜欢跳舞的老人，夏天的晚上常常在公共广场举行舞会，年轻人也会赶来参加。喜欢太极拳或者太极剑的老人，每天早晨出来练拳或者练剑。喜欢下棋的老人通常约定时间地点进行比赛，地点多选在公共场所，如路边的长凳上、路灯下等。中国养鸟的老人很多，他们经常在公园聚会，把鸟笼子挂在一起，一边聊天，一边评论谁带来的鸟好看，叫声好听。

分析：你怎么看待中国老人的休闲生活？

分享：你们国家的老人怎样度过晚年的生活？

虚心使人进步
Modesty Helps to Make Progress

热身话题　Warm-up Questions

1. 你认为谦虚是美德吗？
2. 谦虚和自卑有什么异同？

功能：自谦

哪里哪里
不敢当
过奖了

　　虚心就是谦虚、不自满，肯接受批评。这是中国人的传统美德。中国人常说"虚心使人进步，骄傲使人落后"，但是，像一切传统一样，"谦虚"作为美德，也面临着挑战。不少人在争论，应该坚持谦虚吗？怎么谦虚才恰到好处？

　　关于中国人的谦虚，我可是深有体会。刚来中国的时候，我请人给我介绍一个语伴。第一次见面时，他说他英语不太好。可没想到他的口语很棒，一口地道的伦敦音。原来，他去英国做过一年交换学生。介绍人还告诉我，他的英语已经过了专业八级的考试，那可是现在中国最难的英语考试。

　　我们熟了以后，我问过我的语伴，为什么一开始说自己的英语"不太好"呢？你猜他怎么回答？"因为一开始是用汉语交流的，中国人谁会当面告诉别人'我很棒'呀？听起来大言不惭

第十六课　虚心使人进步

的。"果然，后来我的美国朋友用英语夸他英语说得好时，他就没怎么谦虚，而是笑着说"Thank you"。

这位语伴很有意思吧，说英语时用英语国家人的思维方式，说汉语时又回到中国人的思维方式。语伴还告诉我，中国人为了表现谦虚，有一整套的谦辞，如"哪里哪里""不敢当""过奖了"……

其实，现在很多中国人，特别是有国外生活经历的人，受到外语思维方式或国外一些观念的影响，已经不再那么谦虚了。

实用词语
Useful Words and Expressions

1. 虚心 xūxīn　　　　形　　modest　不骄傲，愿意接受意见、建议等
2. 美德 měidé　　　　名　　virtue　美好的德行
3. 恰到好处 qiàdào-hǎochù　　perfect, neither more nor less　恰好，正合适
4. 大言不惭 dàyán-bùcán　　　fanfaronade　说大话却不感到惭愧
5. 思维 sīwéi　　　　名　　thought, thinking　思想
6. 谦辞 qiāncí　　　　名　　modest diction　表示谦虚的话语
7. 不敢当 bùgǎndāng　　动　　I do not deserve the praise/address　表示自己没有资格接受这样的赞扬、称呼等
8. 过奖 guòjiǎng　　动　　overpraise　（您）过分地夸奖（我）

功能与表达 Function and Expressions

功能一：自谦

表达：

  哪里哪里
  不敢当
  过奖了
  见笑
  还差得远呢

例句：

  1. 哪里哪里，我的汉语水平还差得远呢。
  2. 专家可不敢当，我只是比较熟悉这方面的情况而已。
  3. 您过奖了，我还需要继续努力。
  4. 唱得不好，让大家见笑了。
  5. 我现在的水平还差得远呢。

语言点例解 Language Points

◆ 怎么……才……

说明："怎么+动词结构+才+动词/形容词结构"表示如何做才能达到目的，或询问达到目的的方式。

  例句：1. 我真不知道怎么办才好。
     2. 你知道到野生动物园怎么走才不塞车吗？

◆ 一口

说明：用于语言和方言，数词只限于"一"。

例句：1. 他说一口流利的普通话。

2. 我妈妈那一口西班牙语棒极了，没人听得出是外国人说的！

◆ 果然

说明：副词。"果然+动词/形容词结构/小句"，表示事情真的和所说、所想的一样。

例句：1. 老师建议我十一当天最好不要去天安门广场，果然那里是人山人海。

2. 考试的时候他就感觉不太好，果然没有通过。

一、词语扩展：将下列词语扩展成短语

Expand the following words into phrases.

虚心　　①　　　　②　　　　③
美德　　①　　　　②　　　　③
恰到好处①　　　　②　　　　③
思维　　①　　　　②　　　　③

二、用指定词语完成句子或对话

Complete the following sentences/dialogues with the words or structures given.

1. 我出门时妈妈提醒我一定要带雨伞，_____。

（果然）

2. 别人都说这家外企的面试很难，_____。

（果然）

3. _____，好听极了。

（一口）

4. A：那位老爷爷会说普通话吗？

　 B：_____。（一口）

5. A：不是十点钟要开会吗？你怎么还没出发？
   B：_____。
   （怎么……才……）

6. A：你想好怎么进行这个项目了吗？
   B：还没有，我正在考虑_____。
   （怎么……才……）

三、根据课文内容完成对话

Make a dialogue according to the text, using the words given below.

| 参考词语：思维方式　　谦辞　　怎么……才……　　虚心 |
| 骄傲　　大言不惭 |

A：好像很少有不谦虚的中国人。
B：我同意……
A：
B：
A：
B：
……

四、讲述 Give an account of...

　　竹子和谦虚有什么关系？说说你还知道什么植物在中国文化中的象征意义。

五、成段表达（尽量使用本课词语功能表达）

Discourse expression. (Try to use the function and expressions of this lesson.)

现在的中国人和以前一样谦虚吗？请举例证明你的观点。

第十六课　虚心使人进步

跨文化对话
Cross-cultural Dialogues

功能：反对

怎么能……
这也不见得
未必如此吧

老师：很多人说中国人谦虚，你的中国朋友谦虚吗？你怎样看待谦虚呢？

路易：我个人认为谦虚是没有必要的。尤其在现代社会，生活和工作的节奏这么快，可能没有机会或耐心深入地了解别人，第一印象很重要。你以为是谦虚，别人当真了的话，怎么能不产生误会呢？

民秀：谦虚是中国人传统的美德，也是东方普遍的道德标准。在韩国，谦虚的人也会受到尊重。反之，不谦虚，骄傲自大的话，会受到大家的批评。

珍妮：可是我觉得有时候一个人不一定是真的谦虚，他可能只是为了表示他很有教养，这样不是很虚伪吗？

武男：这也不见得。这是社会公认的行为准则，不至于到虚伪的程度。在一个社会里，大家历来都是如此的话，自然可以相互理解。一个人是不是真的谦虚，我们从他的语气、表情看得出来，不会有什么误会。

雷奥：谦虚也要掌握一个"度"，要谦虚得恰到好处。还得看是什么场合，比如说，找工作面试时，就不能太谦虚，得实事求是，要不然，谁会录取你呢？

萨沙：我同意，在这样不该谦虚的时候谦虚，考官要么怀疑你能力不够，要么认为你缺乏自信，都不会有好印象。有本事的话，自大也不要紧，没有本事的话，谦虚还有什么意义？

文翰：未必如此吧。"虚心使人进步，骄傲使人落后"，好像中国人认为,人必须要谦虚。如果说谁骄傲的话,这个骄傲一定是贬义词。不管你多能干,多了不起,如果你不"谦虚"一下,人们就觉得你难以亲近,你就不会受到尊敬,反而会被人说成"夜郎自大"。

古纳尔:外国人也谦虚呀,不过标准不同罢了。中国人什么时候该谦虚,什么场合要谦虚,对什么人应谦虚,遇到什么事要谦虚,还有怎么谦虚都是十分讲究的。

巴图:老师对学生,也要谦虚吗?去年我们班请口语老师教我们唱一首歌,准备参加汉语节目的表演,他连连说自己不会唱歌,谁知后来我们一听,跟专业水平差不多!

里卡多:中国人不但自己谦虚,还替家里人谦虚。听说如果你要夸一个中国人的太太"真漂亮",他一定说,"哪里哪里"。别误会,他不是问你他太太哪里漂亮,而是替她谦虚呢。

老师:我倒听过外国人说中国人不谦虚,是在一个笑话里。一个留学生说:"大街上到处都是大牌子,上面写着'中国人民很行'

'中国工商很行''中国建设很行'什么的,不是说中国人谦虚吗?我怎么没看出来?"

第十六课　虚心使人进步

实用词语
Useful Words and Expressions

1. 耐心 nàixīn　　　名　　patience　心里不急、不烦
2. 反之 fǎnzhī　　　连　　contrarily　与此相反
3. 教养 jiàoyǎng　　名　　cultivation　教育,品德的修养
4. 虚伪 xūwěi　　　形　　hypocritical　不真实,假的
5. 准则 zhǔnzé　　　名　　rule, guide line　规定、标准
6. 历来 lìlái　　　　副　　always　从来,一直
7. 实事求是 shíshì-qiúshì　　pragmatic　从实际情况出发,追求、尊重事实
8. 夜郎自大 yèláng-zìdà　　self-arrogance　自以为了不起

功能与表达
Function and Expressions

功能二：反对

表达：
　　怎么能……
　　这也不见得
　　未必如此吧
　　对……我持否定态度
　　……不太合适吧

例句：
　　1. 你怎么能不跟别人商量就自己决定呢？
　　2. 这也不见得。谁说大人就一定比孩子强？
　　3. 你说他故意找你麻烦,未必如此吧？
　　4. 对这个产品推销计划我持否定态度。
　　5. 见面不打招呼,假装没看见,这不太合适吧？

语言点例解 Language Points

◆ 要不然……

说明：连词。意思是"如果不这样的话"。多用于口语。

例句：1. 我们必须重视这个问题，要不然会影响整个工程的进度。
　　　2. 你快去吧，要不然就买不到票了。

◆ 要么……要么……

说明："要么A要么B"表示A和B里一定要选择一个。多用于口语。

例句：1. 要么你去，要么我去，反正总得有一个人去才行。
　　　2. 要么唱歌，要么跳舞，比赛输了的人一定得表演一个节目！

◆ 不是……而是……

说明：表示否定前者，肯定后者。

例句：1. 小美不是来还书，而是有事和妈妈商量。
　　　2. 这张照片上的地方不是北海，而是颐和园。

练习 Exercises

一、词语扩展：将下列词语扩展成短语

Expand the following words into phrases.

耐心 ①　　　　　　②　　　　　　③
教养 ①　　　　　　②　　　　　　③
准则 ①　　　　　　②　　　　　　③
虚伪 ①　　　　　　②　　　　　　③

二、用指定词语完成句子或对话

Complete the following sentences/dialogues with the words or structures given.

1. 这件事是你的错,你还是向他道歉吧,_____。
(要不然)

2. 赶紧把没交的作业补上吧,_____。
(要不然)

3. _____,反正两本词典都差不多。
(要么……要么……)

4. A:咱们怎么去?
   B:_____。
(要么……要么……)

5. A:今年的中秋节是在九月吗?
   B:_____。
(不是……而是……)

6. A:这个新项目是由李总负责吗?
   B:_____。
(不是……而是……)

三、语段表达:填写并复述下列短文

Discourse expression: Fill in the blanks and retell the paragraph.

俗话说,"虚心使人_____,骄傲使人_____",好像中国人认为,人必须要_____。如果说谁骄傲的话,这个骄傲一定是_____。不管你多能干,多了不起,如果你不"谦虚"一下,人们就觉得你_____,你就不会受到尊敬,反而会被人说成"_____"。虽然外国人也谦虚,不过标准_____。中国人什么时候该谦虚,什么_____要谦虚,对什么人应谦虚,遇到什么事要谦虚,还有怎么谦虚都是十分_____的。

四、讲述 Give an account of...

借助工具书或网络了解"夜郎自大"的故事,并把这个故事讲给朋友听。

五、讨论(尽量使用本课词语功能表达)

Discuss. (Try to use the function and expressions of this lesson.)

在现代社会,谦虚有必要吗?请说明理由支持你的观点。

六、话题交际 Make a dialogue on the topic below.

分组对话:在你们国家,受到称赞后应该怎么反应?请试着用汉语表达。其他同学看后判断是不是谦虚。

七、实战演练 Situational communication.

学生分成若干小组,根据大家的经历或了解的情况,设计一个小品,表现中国人的谦虚,并在班上进行表演。

实例分析 Case Study

第十六课　虚心使人进步

(一位外国人参加一对中国朋友的婚礼。)

外国朋友:你的新娘真漂亮!

新郎:哪里哪里!

外国朋友:头发、眉毛、眼睛、鼻子、耳朵、嘴都漂亮。

分析:新郎是什么意思?

对策:如果是你遇到这种情况时,如何应对?

功能索引

	B	
比较(1)		8
比较(2)		14
必须		12

	C	
插话		13
吃惊(1)		8
吃惊(2)		13

	F	
反对		16
反问		10

	H	
怀念		3

	G	
告诫		7
估计(1)		11
估计(2)		15

	H	
回忆		6

	J	
解释		2
进一步说明(1)		1
进一步说明(2)		15
举例(1)		7
举例(2)		14

	K	
开始阐述		2
开始叙述		11

	L	
理解		1

	S	
说明情况		12

	T	
同意		5
推断		5

	X	
叙述(1)		3
叙述(2)		4

	Y	
引起话题		9
有把握		9
语义转换		6

	Z	
赞成		4
转述		10
自谦		16

语言点索引

B
比……得多	12
遍	13
不管……还是……都……	2
不就是……吗	9
不瞒……说,……	6
不是……而是……	16
不像……那样……	3
不再	3

C
出于	1
从……而来	3
从而	6

D
倒	8
到了……的地步	9
对了	14
多半……	11

E
而……	8

F
凡是……都……	9
反而	1
反过来	11
反之	2
方方的	14
纷纷	4
否则	7

G
干脆	15
敢于……	4
果然	16

H
还不如……	4
还是……的好	5
毫不……	5
好……	8
好不容易	15
好像……似的	7
和……有关	7
怀着	11

J
既……又……	2
究竟	5
就算……也……	10
据说	3

K
看不出来	9
靠	10

M
没……没……	8
没的说	13
面对	10
面临着	12

N
拿……来说	12
难道……(吗)	10
弄得……	6

跨文化汉语交际教程 II

R
如同	14

S
什么……都有	14
试图	12
首先,……其次,……	7
谁知道……	3
说到了点子上	13

T
透	14
图	7

W
往往	15
为……所……	4
围着……(转)	15
为了	2
……无比	13

X
……下来	8
显得	1
显然	8
相比之下	15
想必……	11

Y
眼看	10
要不然……	16
要么……要么……	16
……也不……就……	1
也可以说是……	5
一般而言,……	4
一旦……,就……	1
一而再,再而三	9
一口	16
一来,……,二来,……,三来,……	12
以……为……	12
因而……	6
因为……而……	2
尤其是……	6
于是	4

Z
在……看来	2
在……下,……	6
在我看来……	13
在于	15
怎么……才……	16
怎么……也不	14
照……来看	5
……,这样……	1
正如……	5
……之类的	7
……之一	3
之所以……是因为……	11
至少……	11
至于	9
至于(……)吗	10
总而言之	13

实用词语表

A

爱不释手	àibúshìshǒu		15-2
安全感	ānquángǎn	名	13-1

B

百吃不厌	bǎichī bùyàn		9-2
百无聊赖	bǎiwú-liáolài		10-1
百折不挠	bǎizhé-bùnáo		3-1
摆放	bǎifàng	动	7-2
褒贬不一	bāobiǎn bùyī		4-2
保全	bǎoquán	动	2-2
蹦蹦跳跳	bèngbèngtiàotiào		4-1
比方	bǐfāng	动	1-2
彼此	bǐcǐ	代	1-1
笔记	bǐjì	名	8-2
避免	bìmiǎn	动	7-1
贬义	biǎnyì	名	9-1
变通	biàntōng	名	4-2
并肩	bìngjiān	动	5-1
不敢当	bùgǎndāng	动	16-1
不可思议	bùkě-sīyì		6-2
不遗余力	bùyí-yúlì		3-1
不知所措	bùzhī-suǒcuò		1-1

C

采伐	cǎifá	动	12-2
插	chā	动	7-2
差距	chājù	名	6-2
差异	chāyì	名	6-1
拆穿	chāichuān	动	11-1
场面	chǎngmiàn	名	2-1
超乎	chāohū	动	8-1
嘲笑	cháoxiào	动	4-1
成本	chéngběn	名	5-1
成效	chéngxiào	名	5-2
诚信	chéngxìn	名	11-2
惩罚	chéngfá	名	3-2
吃香	chīxiāng	形	10-2
持续	chíxù	动	10-1
冲突	chōngtū	名	1-2
崇尚	chóngshàng	动	1-2
重重	chóngchóng	形	4-2
重叠	chóngdié	动	7-2
出口	chūkǒu	动	5-1
出售	chūshòu	动	5-1
出于	chūyú	动	1-2
楚辞	chǔcí	名	3-1
创造	chuàngzào	动	5-1
垂直	chuízhí	动	12-1
辞职	cí zhí		9-1
此外	cǐwài	连	6-1
次要	cìyào	形	1-2
刺激	cìjī	动	15-2

D

打造	dǎzào	动	12-1
大言不惭	dàyán-bùcán		16-1
待业	dài yè		2-1
单纯	dānchún	形	2-1
蛋白	dànbái	名	9-2
挡路	dǎng lù		4-1
导致	dǎozhì	动	12-1
地大物博	dìdà-wùbó		5-2
地方官	dìfāngguān	名	3-2
电池	diànchí	名	12-2
电器	diànqì	名	5-1
定格	dìnggé	动	10-1
动摇	dòngyáo	动	4-2

斗大	dǒu dà		11-1
斗智斗勇	dòuzhì dòuyǒng		13-1
豆大	dòu dà		11-1
独一无二	dúyī-wúèr		10-2
赌	dǔ	动	13-1

E

恶化	èhuà	动	12-1

F

发表	fābiǎo	动	8-1
发达	fādá	形	5-1
发誓	fāshì	动	5-2
发泄	fāxiè	动	15-2
烦恼	fánnǎo	名	8-1
反射	fǎnshè	动	12-1
反省	fǎnxǐng	动	6-1
反思	fǎnsī	动	10-1
反之	fǎnzhī	连	16-2
分享	fēnxiǎng	动	15-2
粉尘	fěnchén	名	12-1
否认	fǒurèn	动	11-1
俘虏	fúlǔ	动	13-2

G

改善	gǎishàn	动	12-2
改天	gǎitiān	副	2-1
尴尬	gāngà	形	2-1
高楼大厦	gāolóu dàshà		12-2
高明	gāomíng	形	14-2
各位	gèwèi		3-2
工资	gōngzī	名	5-2
恭敬	gōngjìng	形	1-1
共存	gòngcún	动	5-2
共性	gòngxìng	名	6-2
贡献	gòngxiàn	名	3-2
沟通	gōutōng	动	6-2

股票	gǔpiào	名	9-1
固执	gùzhi	形	2-2
寡妇	guǎfu	名	4-1
挂件	guàjiàn	名	15-2
拐弯抹角	guǎiwān-mòjiǎo		6-2
观点	guāndiǎn	名	4-2
广为传颂	guǎng wéi chuánsòng		3-1
过奖	guòjiǎng	动	16-1
过问	guòwèn	动	1-2

H

海外	hǎiwài	名	5-1
黑客	hēikè	名	14-1
恨	hèn	动	3-2
红颜知己	hóngyán zhījǐ		13-1
后卫	hòuwèi	名	3-2
胡同	hútòng	名	15-2
糊涂	hútu	形	3-1
怀旧	huáijiù	动	10-2
欢心	huānxīn	名	13-1
患	huàn	动	11-1
黄金比例	huángjīn bǐlì		13-2
恍然大悟	huǎngrán dàwù		14-1
谎言	huǎngyán	名	11-1
荤菜	hūncài	名	9-2
活泼	huópō	形	2-2
或多或少	huòduō huòshǎo		8-2

J

奇数	jīshù	名	7-2
积累	jīlěi	动	8-1
嫉妒	jídù	动	3-1
纪律	jìlǜ	名	8-1
祭奠	jìdiàn	动	3-2
家喻户晓	jiāyù-hùxiǎo		4-2
嫁妆	jiàzhuang	名	2-1
坚持不懈	jiānchí búxiè		4-2

实用词语表

间接	jiànjiē	形	6-1
见外	jiànwài	形	1-1
将近	jiāngjìn	副	8-2
教养	jiàoyǎng	名	16-2
节奏	jiézòu	名	4-2
进餐	jìncān	动	1-2
禁忌	jìnjì	名	7-1
经典	jīngdiǎn	形	14-2
经济适用	jīngjì shìyòng		13-1
惊慌失措	jīnghuāng shīcuò		10-1
精力	jīnglì	名	8-1
久而久之	jiǔ'érjiǔzhī		1-1
鞠躬	jūgōng	动	1-1
拒绝	jùjué	动	2-1
绝	jué	形	9-2

K

开创	kāichuàng	动	3-1
砍	kǎn	动	12-2
可恶	kěwù	形	3-2
可取	kěqǔ	形	11-2
可望而不可及	kě wàng ér bù kě jí		15-1
客气	kèqi	形	1-1
课业	kèyè	名	8-1
恐怖分子	kǒngbù fènzǐ		7-2
苦恼	kǔnǎo	形	4-1
款式	kuǎnshì	名	5-2
亏本	kuī běn		11-1

L

乐在其中	lè zài qízhōng		15-1
类似	lèisì	形	1-2
冷冻	lěngdòng	动	5-2
离谱	lípǔ	形	11-1
理财	lǐ cái		9-1
理所当然	lǐsuǒdāngrán		1-1

历来	lìlái	副	16-2
联想	liánxiǎng	动	7-1
另当别论	lìng dāng biélùn		11-2
浏览	liúlǎn	动	10-1
流口水	liú kǒushuǐ		9-2
屡见不鲜	lǚjiàn-bùxiān		14-2

M

麻	má	形	9-2
漫长	màncháng	形	3-1
矛盾	máodùn	名	11-2
貌不惊人	mào bù jīngrén		13-1
没完没了	méiwán méiliǎo		8-2
美德	měidé	名	16-1
魅力	mèilì	名	3-2
汨罗江	Mìluó Jiāng		3-1
描述	miáoshù	动	2-1
灭亡	mièwáng	动	3-1
名正言顺	míngzhèng-yánshùn		10-1
模糊	móhu	形	2-1
莫名其妙	mòmíngqímiào		6-2
牧师	mùshī	名	3-2

N

耐心	nàixīn	名	16-2
难度	nándù	名	8-1
难怪	nánguài	副	13-1
脑筋	nǎojīn	名	9-1
娘家	niángjia	名	2-1

P

派生	pàishēng	动	14-1
跑题	pǎo tí		10-2
铺盖	pūgai	名	9-1

Q

祈求	qíqiú	动	7-2
气氛	qìfēn	名	1-2
气愤	qìfèn	形	6-2
气质	qìzhì	名	13-2
启发	qǐfā	动	3-2
启蒙	qǐméng	动	8-2
起源	qǐyuán	名	7-2
恰到好处	qiàdào-hǎochù		16-1
千篇一律	qiānpiān-yílǜ		10-2
谦辞	qiāncí	名	16-1
强调	qiángdiào	动	8-1
侵蚀	qīnshí	动	12-1
亲属	qīnshǔ	名	2-1
轻信	qīngxìn	动	11-2
情绪	qíngxù	名	15-2
情愿	qíngyuàn	动	5-2
权威	quánwēi	形	13-2
确切	quèqiè	形	7-2
群体	qúntǐ	名	15-1

R

绕道	rào dào		4-1
绕圈子	rào quānzi		2-2
人格	réngé	名	3-1
人际	rénjì	名	1-2
人权	rénquán	名	3-2
任劳任怨	rènláo-rènyuàn		13-1
融洽	róngqià	形	6-2

S

撒	sǎ	动	7-2
塞车	sāi chē		11-1
赛龙舟	sài lóngzhōu		3-1
三番五次	sānfān-wǔcì		1-1
散	sàn	动	7-1
闪客	shǎnkè	名	14-1
善解人意	shànjiě rényì		13-2
上司	shàngsi	名	2-2
深有同感	shēnyǒu tónggǎn		11-1
神话	shénhuà	名	3-1
生机勃勃	shēngjī bóbó		12-1
生态	shēngtài	名	12-1
省略	shěnglüè	动	6-1
失礼	shīlǐ	动	1-1
时尚	shíshàng	名	14-2
实力	shílì	名	8-2
实事求是	shíshì-qiúshì		16-2
世贸	shìmào	名	5-2
事故	shìgù	名	10-1
视频	shìpín	名	15-2
收留	shōuliú	动	3-2
手艺	shǒuyì	名	15-2
守时	shǒushí	动	1-2
首要	shǒuyào	形	13-2
鼠标	shǔbiāo	名	10-1
甩卖	shuǎimài	动	11-1
率领	shuàilǐng	动	4-1
涮	shuàn	动	13-1
水泄不通	shuǐxièbùtōng		15-2
思维	sīwéi	名	16-1
四通八达	sìtōng-bādá		14-1
送葬	sòngzàng	动	7-1
送终	sòngzhōng	动	7-1
素菜	sùcài	名	9-2
素食者	sùshízhě	名	9-2
随处可见	suíchù kějiàn		2-1
岁岁平安	suìsuì píng'ān		7-1

T

调料	tiáoliào	名	15-2
特定	tèdìng	形	1-2
体贴	tǐtiē	形	13-1
挑战	tiǎozhàn	名	4-2
同龄人	tónglíngrén	名	8-2
投资	tóuzī	动	9-1

实用词语表

土著	tǔzhù	名	6-2
推荐信	tuījiànxìn	名	10-2
退缩	tuìsuō	动	4-2
妥	tuǒ	形	10-1

W

挖	wā	动	4-1
外在	wàizài	名	13-2
顽固	wángù	形	4-1
网吧	wǎngbā	名	14-2
往返	wǎngfǎn	动	15-1
维持	wéichí	动	8-1
文盲	wénmáng	名	10-2
污染	wūrǎn	名	12-1
无关紧要	wúguān jǐnyào		2-2
无可替代	wúkě tìdài		10-2
无所顾忌	wúsuǒ gùjì		1-2
无条件	wútiáojiàn		11-2
五花八门	wǔhuā-bāmén		14-2
务实	wùshí	形	13-2
物美价廉	wùměi jiàlián		9-2
误解	wùjiě	名	6-1

X

吸附	xīfù	动	12-1
习以为常	xíyǐwéicháng		10-1
袭击	xíjī	动	10-1
喜怒哀乐	xǐ-nù-āi-lè		6-2
细菌	xìjūn	名	12-1
下属	xiàshǔ	名	2-2
先决条件	xiānjué tiáojiàn		13-1
鲜嫩	xiānnèn	形	9-2
贤妻良母	xiánqī-liángmǔ		13-2
羡慕	xiànmù	动	8-2
相安无事	xiāng'ān wúshì		2-1
相对	xiāngduì	形	5-2
相形失色	xiāngxíng shīsè		10-2
消费者	xiāofèizhě	名	15-1
小炒	xiǎochǎo	名	9-1
潇洒	xiāosǎ	形	3-2
谐音	xiéyīn	名	7-1
携带	xiédài	动	12-2
心知肚明	xīnzhī dùmíng		11-1
形于色	xíng yú sè		6-2
幸灾乐祸	xìngzāi-lèhuò		10-1
虚拟	xūnǐ	动	10-1
虚伪	xūwěi	形	16-2
虚心	xūxīn	形	16-1
宣讲	xuānjiǎng	动	3-2

Y

眼球	yǎnqiú	名	9-1
扬长避短	yángcháng-bìduǎn		13-2
业余	yèyú	形	15-1
夜郎自大	yèláng-zìdà		16-2
一笑了之	yīxiào liǎozhī		11-1
以假乱真	yǐjiǎ-luànzhēn		9-2
一点一滴	yìdiǎn yìdī		12-2
一举多得	yìjǔ-duōdé		12-1
一朝一夕	yìzhāo-yìxī		12-2
异曲同工	yìqǔ-tónggōng		14-2
意味深长	yìwèi shēncháng		4-2
毅力	yìlì	名	4-2
因而	yīn'ér	连	6-1
引起	yǐnqǐ	动	6-1
隐私	yǐnsī	名	1-1
尤其	yóuqí	副	6-1
邮编	yóubiān	名	10-2
犹豫	yóuyù	形	5-1
鱿鱼	yóuyú	名	9-1
有同感	yǒu tónggǎn		1-1
有限	yǒuxiàn	形	8-1
有益	yǒuyì	形	6-1
鱼龙混杂	yúlóng-hùnzá		11-2
娱乐	yúlè	名	15-1
愚蠢	yúchǔn	形	4-1
预示	yùshì	动	7-2

愚公移山	yúgōng-yíshān		4-2

Z

宰	zǎi	动	9-2
宰	zǎi	动	11-2
在乎	zàihu	动	2-2
在所难免	zàisuǒ nánmiǎn		6-1
凿	záo	动	4-1
造成	zàochéng	动	8-2
噪音	zàoyīn	名	12-1
择偶	zé'ǒu	动	13-1
炸弹	zhàdàn	名	7-2
粘贴	zhāntiē	动	10-2
障碍	zhàng'ài	名	6-2
召集	zhàojí	动	4-1
照耀	zhàoyào	动	4-2
针对	zhēnduì	动	12-2
整容	zhěng róng		13-2
正宗	zhèngzōng	形	9-2
知名	zhīmíng	形	9-1
知难而进	zhīnán ér jìn		4-2
直呼	zhī hū		7-2
直来直去	zhílái-zhíqù		6-2
指教	zhǐjiào	动	14-1
重点学校	zhòngdiǎn xuéxiào		8-2
周边	zhōubiān	名	15-2
主动	zhǔdòng	形	1-1
主语	zhǔyǔ	名	6-1
专辑	zhuānjí	名	9-1
装饰	zhuāngshì	动	10-2
准则	zhǔnzé	名	16-2
长辈	zhǎngbèi	名	7-1
咨询	zīxún	动	15-1
粽子	zòngzi	名	3-1
阻挡	zǔdǎng	动	4-1
阻止	zǔzhǐ	动	4-1